치우천왕의 부활

1

치우천왕의 부활

환인, 환웅, 치우, 마고, 단군, 잊혀졌던
한민족의 신들이 이 땅위에서 새롭게 부활한다

1

지은이 태라 전난영

지식공감

불과 바람은 하늘에서 만들어지고,

물과 흙은 땅에서 만들어진다.

아버지 나라 한국은 불과 바람을,

어머니 나라 무는 물과 흙을 다루었으니

음양조화이며, 지수화풍 천지조화를 부리는

신들의 제국이었다.

5천 년이 지난 오늘날에 이르러 붉은 악마로 다시 태어난 치우천왕의 이름을 들으면서, 과연 치우천왕이 어떤 왕이었기에 우리 민족의 가슴속에 영원한 승리의 왕으로 남아있을까 생각해보게 되었다.

이순신 장군도 전쟁을 치러 나갈 때 치우천왕에게 승리를 기원하는 제사를 드렸다. 장군들이 전쟁에 출정할 때마다 치우천왕에게 승리를 기원하는 제사를 지내온 것을 보면, 치우천왕은 오늘날 우리 곁에 갑자기 찾아온 손님이 아니라, 우리의 생활 속에 끊임없이 함께 해오고 있었던 존재였다. 그러나 자료의 부족으로 인해 치우천왕에 대한 이야기는 별로 남아있지 않다.

치우천왕은 도깨비라는 상징으로 남아 생활 속에서 우리를 지켜주는 수호신이 되어 있었다. 세계로 발돋움하는 대한민국의 정신 속에 승리를 상징하는 치우천왕이 수호신이 되어 함께 해오고 있었다.

치우천왕은 환인, 환웅, 단군, 마고와 더불어 고대에 찬란했던 정신 문명을 이끈 고대 신 중 하나였다. 잠시 잊혔던 우리의 신들이 다시 부활하고 있다.

이 책을 통해 우리 민족의 무의식에 존재하는 환인, 환웅, 마고, 단군의 기억을 되살리고, 잊혔던 우리의 신들을 부활시키고자 한다. 또한, 인류문명의 시작을 알린 신들이 고대로부터 우리 자손들에게 이야기하고자 하는 것이 과연 무엇일까 되짚어보고자 한다.

고대 그리스 신인 제우스, 헤라, 아폴론, 아테나 등은 우리가 흔히 알아도, 우리 민족 고유의 신인 환인, 환웅, 마고, 단군에 대한 이야기는 잘 모르는 것이 현실이다. 그만큼 우리의 신은 우리 곁으로 다가오지 못하고 있었으며, 서양 신에게 가려 잊히고 있었다.

이 책에는 우리 한민족의 찬란했던 정신문화가 오늘이라는 시간 속에서 되살려지기를 바라는 마음을 담았다. 우리의 마음속에 담겨진 승리의 왕을 낡고 오래된 서랍 속에서 꺼내어 먼지를 털 듯, 다시 현실 속에 되살아나기를 바라는 마음으로, 치우천왕의 부활을 집필하게 되었다.

승리를 상징하는 하나의 아이콘이 된 치우천왕의 이념과 그 뜻을 바로 알리고, 우리 민족이 어떤 정신사상을 가지고 오랜 세월 이어져 왔는지 다시 한 번 되새겨 보고자 한다. 더불어 세계로 뻗어 나가는 우리 민족의 정신과 사상을 되짚어 보면서, 잊혔던 정신문화의 맥을 이어갔으면 한다.

서양의 물질문명이 팽배해지면서 우리 민족에게 있는 정신사상은 바닥을 쳤다. 그러나 우리의 마음속에는 힘든 시련 속에서도 굴하지 않고 버텨내는 오랜 민족적인 유전자가 남아있다. 앞으로 오는 세상은 우리 한민족이 주축이 되어 물질이 전부가 아닌 물질과 정신이 조화로운 세상을 만들어 갈 것으로 믿는다.

　지금은 비록 물질이 정신을 앞서가는 시대이지만 물질적인 풍요와 더불어 정신적인 풍요를 장착할 때, 우리 한민족은 영적 강국으로 새롭게 부상할 수 있을 것이다. 또한, 우리 한민족의 깊은 무의식에 자리 잡고 있는 정신사상을 다시금 회복하여 남북통일이라는 오래된 과업을 이루어낼 때, 대한민국은 세계를 이끌어갈 영적 강국 코리아로 우뚝 설 것이다.

　피보나치수열처럼 큰 흐름 속에 작은 흐름이 담겨있듯, 문명이라는 큰 마디가 완성되어가면서 거대한 드라마를 만들어가고 있다. 지구의 모든 흐름은 파동 흐름과 같이 잘 나갈 때와 바닥을 칠 때 다시 상승할 때가 있다. 우리 개개인의 인생에도 흐름의 파동이 있고 문명에도 흐름의 파동이 있다. 이제 그 흐름의 파동이 바뀌어 가고 있으며, 물질문명이 이룩된 판 위에 정신의 영혼을 입힐 시기가 다가왔다.

　고대에 전 세계를 주름잡던 한민족은 오랜 시간이 흐르면서 조그마한 동쪽 반도에 이르게 되었다. 그렇지만 고대로부터 이어지는 정신의 맥은 우리의 가슴속에 아직도 꺼지지 않는 불씨가 되어 남아있다.
　지금은 비록 서양의 물질문명이 세계를 좌지우지하고 있지만, 우리 한민족의 꺼지지 않는 정신의 저력은 다시 불타오를 것이며, 물질과 정신을 통합할 새로운 강자로 떠오를 것이다.

치우천왕의 부활이 나오기까지 함께 고민하고 아바타가 되어 코드를 잡을 수 있도록 도와주신 주신님께 감사드린다.

이 책은 나의 정체성을 찾고, 과거 역사 속에서 어떤 흐름 혹은 어떤 코드를 찾기 위해 적어놓은 글들이다. 전체 역사의 판을 총망라하여 살펴보고자 정보를 모으고, 정보를 분석하여 정리해 놓은 글들이다.

치우천왕의 부활은 4년간의 땀과 노력이 총망라된 망상의 산물일 수도 있다. 그냥 사장되어 버릴 수도 있었으나, 단 한사람의 누군가에게 도움이 된다면 그것만으로도 이 책의 역할은 다한 것이다.

이 책에 담긴 한민족 정신사상의 핵심정수를 발견하는 것은 독자께 맡기며, 마지막으로 한민족 호국신장들께 이 책을 바친다.

- 태라 전난영 -

contents

Chapter 01

불의 신, 치우천왕

환인의 나라를 '환국' 또는 '한국'이라고 하고,
환웅이 세운 나라를 '배달환국' 또는 '배달한국'이라고 하며,
단군이 세운 나라를 '단군조선'이라 한다.
환국 또는 한국을 대표하는 환님, 한님이 후대에 하느님으로 불리게 되었다.

고대 역사는 오랜 시간이 흐르면서 그 빛이 바래지기도 하고, 이야기에 이야기가 첨가되면서 변질되기도 한다. 이러한 자료들이 역사적 진실일수도, 허구일수도 있다. 그러나 중요한 것은 인간들이 오랜 시간 만들어 온 문명의 흔적 속에서 누군가는 보석을 발견할 수 있다는 것이다. 누군가는 그 안에서 보석을 발견하기도 하고, 누군가는 불쏘시개로 사용하기도 한다. 정보와 자료는 누구의 손에 어떻게 들어가느냐에 따라 보석이 되기도 하고, 불쏘시개가 되기도 한다. 어떤 사람에게는 의미 없는 자료일 수 있으나, 어떤 사람에게는 자신의 목숨보다 귀중한 자료가 되기도 한다. 정보란 자신의 의식수준에 맞게 들어오기 때문에 아무리 중요한 문서도 어떤 이에겐 아무것도 아닌 것이 될 수 있다.

우리는 선택을 할 때 과거의 경험들을 토대로 미래를 결정해 나간다. 역사 속에는 우리 인간들의 흥망성쇠가 들어있고, 이러한 과오와 경험들을 통해서 과거의 실수를 반복하지 않고 바른 선택을 하기 위해 역사를 공부하는 것이다. 즉 좀 더 나은 미래를 만들어가기 위해 역사를 살펴보는 것이다.

우리 인간들은 신화와 전설 속에서 자신들의 정체성과 뿌리를 찾아나간다. 내가 누구인지, 왜 이 세상을 살고 있는지, 삶의 의미는 무엇인지, 등등 자신의 뿌리를 찾아 자신의 정체성을 찾아가는데 역사와 신화만큼 좋은 도구는 없다.

수메르			환국	이집트	
			*환국 한인(환인)연대기		
			1대 안파견(安巴堅) 환인(B.C.7199)		
			2대 혁서(赫胥) 환인,		
			3대 고시리(古是利) 환인,		
			4대 주우양(朱于襄) 환인,		
			5대 석제임(釋提任) 환인,		
			6대 구을리(邱乙利) 환인,		
B.C 4500-4000	우바이드		7대 지위리(智爲利) 단인(檀仁이라고도 한다)		
			*신시 배달시대 연대기		
		3900	1대 거발한 환웅(居發桓, 94, B.C 3897,120세)		
		3800	2대 거불리 환웅(居佛理, 86, B.C.3803, 102세)		
		3700	3대 우야고 환웅(右耶古, 99, B.C.3717, 135세)		
		3600	4대 모사라 환웅(慕士羅, 107, B.C.3618, 129세)		
대홍수?	B.C.3500	3500	5대 태우의 환웅(太虞儀, 93, B.C.3511, 115세)		
		3400	6대 다의발 환웅(多儀發, 98, B.C.3419, 110세)		
수메르시작	B.C 3300	3300	7대 거련 환웅(居連, 81, B.C.3320, 140세)		
원시엘람	B.C 3200	3200	8대 안부련 환웅(安夫連, 73, B.C.3239, 94세)		
우르크,우르	B.C 3200	3100	9대 양운 환웅(養雲, 96, B.C.3166, 139세)	제1왕조 B.C.3100	
		3000	10대 갈고 환웅(葛古, 96, B.C.3070, 125세)		
		2900	11대 거야발 환웅(居耶發, 92, B.C.2970, 149세)		
		2800	12대 주무신 환웅(州武愼, 105, B.C.2878, 123세)	제2왕조 2890-2686	헤텝세켐위(38년),라네브(39년)
우르크1왕조	키쉬1왕조	2700	13대 사와라 환웅(斯瓦羅, 67, B.C.2773, 100세)		니네체르(47년)
엔메르카르		2700			세트-페리브센),카세켐위
(2700년경)		2690			
		2680		제3왕조 2686-2613	사나크테 (B.C. 2686, 18년)
	에타나	2670			
		2660	14대 자오지 환웅(慈烏支, 109, B.C.2706)		조세르(B.C. 2668, 19년)
루갈반다		2650	치우천황, 151세		임호테프가 건설한 계단 피라미드
두무지드		2640			세켐케트(BC2649),카바(BC2643)
길가메시	키쉬2왕조	2630			후니 (B.C. 2637, 24년)
(2630년경)	엔메바라게시	2620			
	(2630-2600)	2610		제4왕조 2613-2498	스네프루 (B.C. 2613, 24년)
	악카,아가	2600			
	(2600-2575)	2590	15대 치액특 환웅(蚩額特, 89, B.C.2597, 118세)		쿠푸 (B.C. 2589, 8년)
		2580			제데프레 (B.C 2566, 8년)
		2570			카프레 (B.C 2558, 26년)
		2560			멘카우레 (B.C 2532)
		2500			솁세스카프 (B.C. 2503, 5년)
		2490		제5왕조 2498-2345	우세르카프 (B.C. 2498-2491)
		2480			사후레 (B.C. 2487)
		2470			네페리르카레 (B.C. 2477)
		2460	16대 축다리 환웅(祝多利, 56, B.C.2453, 99세)		솁세스카레 (B.C. 2467)
		2450	17대 혁다세 환웅(赫多世, 72, B.C.2452, 97세)		네페레프레 (B.C. 2460)
		2420			니우세르레 (B.C. 2453)
		2410			멘카우호르 (B.C. 2422)
		2380			제드카레 (B.C. 2414)
		2370	18대 거불단 환웅(居弗檀, 48, B.C.2380,단웅, 82세)		
		2360			우나스 (B.C. 2375)
우르크3왕조	키쉬3왕조	2350			
루갈자게시	우르지바바	2340	고조선 단군연대기	제6왕조	테티 (B.C. 2345-2333)

좌측의 도표는 한단고기에 나오는 고대역사 년도와 이집트 및 수메르 년도를 한눈에 볼 수 있게 내가 직접 정리해 놓은 표이다. 별 쓸데 없는 도표일수도 있으나, 내가 전체 역사를 공부하는 과정에서 만들어 놓은 도표이기에 혹 참고가 될까하여 첨부한다.

01 불의 신, 치우천왕

치우천왕이란?

　환인이 다스리던 한국의 뒤를 이어, BC 2700년경 배달한국의 제14 대 자오지 환웅을 '치우천왕'이라고 한다. 상고시대의 전설적 영웅이었 던 치우천왕은 부족사회가 점점 확장되면서 국가의 형태를 갖추어 갈 때, 제사장이자 왕으로의 권위를 확립한 최초의 왕이다. 부족장 시대 를 접고 본격적인 연방 국가를 통합한 왕의 등극이었다. 치우천왕에 관하여 사기는 이렇게 기록하고 있다.

> 치우는 노산의 쇠로써 오병을 만들었다. 그런데 치우는 보통 사람이 아니었다. …(중략)… 황제가 섭정할 때, 치우와 그 형제 81명이 있었 다. 그들은 모두 짐승의 몸에 사람의 말을 하였다. 구리 머리에 소의 이마를 가졌고 모래와 돌을 먹었다. 병장기로 칼·창·큰활 등을 만들 어 천하에 위세를 떨쳤다. 〈사기(史記)〉

　치우 이전의 환웅은 제사장 성격이 컸다. 그러나 치우천왕은 확장의 시기에 등극하였기에 진정한 왕의 시작이라고 볼 수 있다. 치우천왕의 시대부터 구리와 철을 이용한 무기를 사용하기 시작하였으며, 청동기에서 철기시대로 넘어가는 시대였다. 이 시기에 금속을 잘 다루는 연금술사들을 많이 배출하게 된다.

기록에 의하면, 치우천왕의 치적으로는 벽토지(闢土地), 흥산(興産), 작병(作兵) 및 연병(鍊兵), 그리고 뛰어난 숭생중물(崇生衆物)의 치세이념을 구현했다고 한다. 여기에서 벽토지(闢土地)는 산과 계곡을 뚫어 길을 낸 것이고, 흥산(興産)은 광물을 이용한 제련산업이 흥하였다는 뜻이다. 이러한 기술을 이용해 작병(作兵) 즉 각종 도구와 무기를 만들었고, 연병(鍊兵)이란 강력한 군대를 길렀음을 뜻한다. 또한, 숭생중물(崇生衆物)이라는 뜻은 살아있는 생명체와 온갖 물상의 존귀함을 인정하고 드러낸다는 치세이념을 뜻한다.

치우천왕은 기술문명과 더불어 생명에 빛을 발하게 하는 상생의 왕이었으며, 겨레의 앞날을 열고자 했던 왕 중의 왕이며, 세상의 질서를 다스리는 으뜸가는 수장이었다.

치우천왕은 불을 다스리는 신이다

치우천왕은 인간의 생활문명을 발전시킨 불의 왕이다. 서양으로 치자면, 프로메테우스의 현신인 셈이다. 불을 다루고, 불을 닮았기 때문에 치우천왕의 얼굴이 붉다고 하는 것이다. 그만큼 불과 가까운 인물이었고, 불의 성정을 가지고 있었으며, 불을 다루어 무기를 만들고, 불기운을 세상에 뿌린 왕이었다.

치우천왕 당시에 물을 다스리는 신은 무대륙(Mu大陸)[1]의 후예인 마고족 혹은 무(巫)인들이 담당하고 있었다. 양인 한국은 불을 다스리고, 음인 무(巫)는 물을 다스렸다.

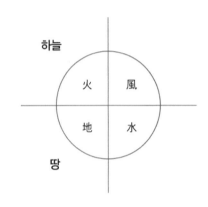

불과 바람은 손으로 잡을 수 없는 에너지요, 물과 흙은 손으로 만질 수 있는 물질이다. 불과 바람은 하늘에서 만들어지고, 물과 흙은 땅에서 만들어진다. 아버지 나라 한국은 불과 바람을, 어머니 나라 무는 물과 흙을 다루었으니 음양조화이며 지수화풍 천지조화를 부리는 신들의 제국이었다.

그리스 신화의 프로메테우스가 인간에게 불을 전달하고 신들에게 노여움을 산 것은 불이 그만큼 위험한 것이기 때문이다. 불을 잘 사용하느냐 못하느냐에 따라 인류가 상생으로 나아가느냐, 파멸로 나아가느냐가 달려있다. 그만큼 불은 인간에게 꼭 필요한 에너지이지만 반대로 위험한 불씨이기도 하다. 그런 불을 잘 다루는 이가 치우천왕이었다.

치우천왕과 그의 81형제가 소뿔 달린 구리투구를 하고 붉은 얼굴로

---

1 고대에 태평양에 있었다고 하는 전설상의 대륙. 하와이, 타히티, 괌 따위를 포함하는 광대한 대륙이었다고 한다.

바퀴 달린 전차를 타고 천하를 호령할 때, 무릇 사람들의 눈에는 폭풍을 몰고 다니는 새처럼 인간이 아니라 무서운 회오리바람처럼 보였으리라! 치우천왕이 지나간 자리는 천둥이 치고 큰비가 내려 산천의 모습이 바뀐다는 개벽의 의미도 담겨 있었다.

치우천왕은 전쟁의 신이었으며 또한, 진정한 왕의 탄생이었다. 그 자체로 승리를 상징하는 인물이자 아바타였다. 그래서 치우천왕은 국가를 수호하는 전쟁의 신이 되었다.

우리가 흔히 보아온 도깨비 문양은 치우천왕의 상징이다. 고구려, 백제, 신라를 비롯하여 역대 왕릉에 조각되어 사기를 막아주고 보호하는 역할을 해왔다. 오랜 시간 동안 치우천왕의 얼굴은 하나의 신물이나 부적처럼 활용되어왔다.

배달한국이 세력을 가장 확대했던 때가 바로 치우천왕이 치세하던 시절이었다. 12연방제국이 대륙에 퍼져 있었고 전쟁의 신으로 알려졌던 치우천왕은 가는 곳마다 명성을 떨쳤으며, 그의 용맹함과 뛰어난 치세술(治世術)은 전 세계에 신화로 퍼졌다. 치우라는 이름만 들어도, 치우의 붉은색만 보아도 귀신이 달아날 정도이니, 나라의 수호신이자 보호신장으로 세계 곳곳에 같은 신 다른 이름으로 광범위하게 퍼져나갔다.

중원대륙에서는 [치우]로, 그리스에서는 [제우스]로, 이집트에서는 [티우]로, 무성한 신화와 소문을 남기며 정령의 아바타로, 혹은 수호신으로 남게 되었다.

02 삼족오와 뱀의 만남은 용으로써 부활한다

치우천왕의 토테미즘과 샤머니즘

숭생중물(崇生衆物)은 치우천왕의 치세이념이다. 즉 살아있는 생명체와 온갖 물상의 존귀함을 인정하고 드러낸다는 토테미즘 사상이 내재되어 있다. 동물 혹은 자연물을 신성시하는 토테미즘 사상은 종족이나 부족을 동물 아이콘으로 상징하고 표현한다.

그 동물 토테미즘 중에서도 뱀은 문명의 시초와 관련된 상징성을 가지고 있다. 뱀 상징은 전 세계에 분포되어 모든 신화들을 관장하고 있을 정도이다. 이는 뱀이라는 동물이 물질을 담당하는 원소인 물 원소 및 흙 원소와 연관이 깊고, 물과 대지를 오가며 지구와 가장 가까이에서 활동하기 때문이다.

• 샤머니즘

원시적 종교형태라고 부르는 토테미즘 혹은 샤머니즘은 우리 한 민족의 뿌리를 찾는데 있어 중요한 사상 중 하나이다. 샤머니즘 [shamanism]은 초자연적인 힘, 즉 자연에 내재된 힘을 실생활에 이용했던 것으로, 무교(巫敎) 또는 무술(巫術)이다. 이것은 종교가 아니라 생활 그 자체였으나 지금은 원시종교 혹은 미신으로 치부되어 버렸다. 샤머니즘은 아시아 지역 특히 시베리아, 만주, 중국, 한국, 일본 등지에서 주로 볼 수 있는데, 이는 북방민족의 특징이기도 하다.

• 토테미즘

토테미즘은 토템(totem)[2]을 숭배하는 사상이다. 자연의 특정한 동식물과 각 집단이 특수한 관계를 맺고 있다는 믿음이다. 이러한 믿음은 금기를 형성하였고, 이러한 규율은 집단 구성원을 통제하는 힘이 되었다. 태평양 일대의 오스트레일리아, 멜라네시아, 폴리네시아, 그리고 인도, 아프리카 등지에 넓게 분포되어 있는 것을 보면 토테미즘은 남방 마고족의 특징이다.

샤머니즘과 토테미즘은 한민족의 뿌리를 찾는데 중요역할을 한다. 샤머니즘과 토테미즘은 자연의 신성한 힘이 있음을 알고 이를 다루고 사용할 줄 알았던 우리 민족의 특징 중 하나이다. 이는 곧 만물을 존중하는 마음에서 비롯된 지구 지킴이적 특성이기도 하다.

• 무대륙의 상징은 뱀

모든 문명의 근원으로 들어가면 무대륙(Mu大陸)이 나온다. 무대륙(Mu大陸)에서 전승되어 오는 문양 중, 우주 공간 안에 머리가 7개 달린 뱀이 헤엄을 치고 있는 상징이 있다. 머리가 7개 달린 뱀의 상징은 캄보

---

2 고대사회에서 부족 또는 씨족과 특별한 혈연관계가 있다고 믿어 신성하게 여기는 동식물 또는 자연물

디아, 인도 등 남방계 문명에서 주로 사용되어 왔다.

지구는 빨주노초파남보 일곱 프리즘을 통해 만들어진 물질 지구이며 또 문명을 탄생시킨 북두칠성과 관련이 있음을 나타낸다. 그 밖에 무대륙(Mu大陸)의 상징으로는 연꽃과 태양 그리고 고깔 등이 있다.

무대륙(Mu大陸) 멸망 후, 마고3의 후예인 무인들은 대륙으로 이동하여 젖줄이 흐르는 강과 비옥한 땅을 찾아 정착하였다. 그들은 새롭게 문명을 일구었으며, 대륙으로 이동해 들어온 이들을 '풍이족(風夷族)'이라 불렸다. 이들은 뱀 상징을 가지고 있었고, 뱀은 물질지구의 상징으로 표현된다. 안파견4의 파(巴)도 뱀 혹은 소용돌이라는 뜻이고, 태호복희5도의 그림도 모두 뱀을 상징하고 있다.

무대륙 멸망 후, 지구문명을 새롭게 정비되기 위해 환인이 내려오게 되었다. 환인과 마고의 후예는 서로 협력관계에 놓이게 되었고, 인류 최초 국가 '환국(한국)'의 상징은 모계의 아이콘에 따라 뱀 상징이 나타난다.

대륙으로 들어온 무의 후예들은 웅족과 호족 등으로 분화되었다. 환인시대를 거쳐 환웅의 시대에는 웅족과의 조우가 이루어졌고, 환웅과 웅족사이에서 단군조선이 탄생하게 된다.

---

3 환인, 환웅, 단군 이전의 지모여신으로, 우리 민족의 생성신화에 등장하며 신라시대 박제상이 지은 부도지에 마고여신이 등장한다.
4 1대 환인으로, 한단고기 삼성기에는 '천제 환인' 또는 안파견(安巴堅)이라고 했다.
5 중국 고대 전설의 제왕, 3황 5제(三皇五帝) 중의 최초의 왕이다.

삼족오와 뱀의 만남은 용으로써 부활한다

환인의 제국 '한국'의 종족상징은 뱀이고, 환웅의 제국 '배달한국'의 종족상징은 곰이다. 이는 모계혈통을 따른 음의 상징이다. 양의 상징으로 표현하면, 환인의 제국은 태양신을 상징하는 '삼족오'이고, 배달한국은 삼족오와 뱀이 합쳐진 '용'으로 상징된다. 음의 상징인 뱀과 양의 상징인 삼족오가 결합하여 용이 탄생되었고, 용으로 상징되는 환웅은 물질 지구의 최초 왕으로 등장한다.

• 용의 부활

용은 뱀의 비늘에 날개를 가졌으며 사슴의 뿔을 가지고 불을 품는다. 물과 땅과 하늘을 관통하기에 용은 하늘과 땅의 만남이요, 정신과 물질의 만남이다. 또한, 환인문명과 마고문명의 조우를 상징하는 하나의 매개체이다. 하늘과 땅이 만나 탄생한 진정한 왕, 그래서 환웅은 용으로서 상징된다.

하늘을 상징하는 태양신인 삼족오와 물질지구를 상징하는 뱀과의 결합으로 물질지구의 뱀이 여의주(진리)를 물었을 때 용으로 승천한다. 이는 하늘과 땅의 결합이며 정신과 물질의 결합으로 탄생된 새로운 인류를 상징한다. 그래서 환웅은 하늘의 뜻을 이어받은 물질지구의 최초 왕이 된다.

• 왕(王)

전쟁은 문명을 변화시키고 에너지를 음에서 양으로 바꾸어놓는 속성이 있다. 에너지를 발산하는 물리적 충돌이기 때문에 수축상태를 확장 상태로 바꾸고, 여성에서 남성으로의 권력이양이다. 전쟁은 질서가 붕괴되거나 새로운 질서를 통합하려 할 때 발생한다. 하나였던 부족이 여러 부족으로 나뉘면서 생각과 뜻이 벌어지게 되고, 생각이 다르면 서로 충돌이 발생한다. 각 부족은 서로의 이익을 얻으려고 할 뿐 조금이라도 손해 보려 하지 않는다. 이러한 시점에 필요한 것이 서로 상생의 흐름을 이끌어낼 수 있는 왕의 역할이다. 왕은 서로 간의 분쟁과 이해관계를 공정하고 공평하게 판결하는 인물이어야 한다. 에너지와 에너지가 충돌할 때는 충돌하는 두 에너지보다 더 큰 기운의 에너지만이 사태를 진정시킬 수 있는 법이다. 왕이 나서야만 비로소 싸움이 진정될 수 있다. 왕이라는 자리는 많은 사람을 살릴 수도, 죽일 수도 있는 자리이기 때문에 공명정대(公明正大)한 자만이 진정한 왕의 자리에 오를 수 있다.

왕(王)이라는 한자는 천지인을 관통하는 사람이다. 사람 중에 으뜸인 자가 바로 왕이며, 하늘을 알고 땅을 아는 자가 진정한 왕이다. 우주를 이루는 만물 가운데 가장 신령하고 도덕적인 존재가 바로 사람이다. 그리고 그 많은 사람 가운데 덕이 가장 커서 드높아진 존재가 왕이다.

따라서 왕은 하늘, 땅, 사람을 꿰뚫는 이치를 갖춰야 한다. 하늘과 땅과 사람을 관통하는 이(三 +l = 王)가 바로 우주의 조화를 완결 짓는 지구의 진정한 왕이다.

삼족오(三足烏)와 뱀의 만남은 고대 한국과 마고문명의 결합이며, 물질과 정신을 결합한 용으로 재탄생되었다.

태양속의 삼족오   암흑속의 일곱머리 뱀   용의 탄생
하늘의 정신   땅의 물질   정신과 물질의 현신
환인문명의 상징   마고문명 상징   환웅

태양 속의 검은 삼족오는 빛 속에 어둠을 품고 있는 상징이며, 암흑 속의 일곱 머리 뱀은 어둠 속에 빛을 품고 있는 상징이다. 삼족오와 뱀이 합쳐져 빛과 어둠을 동시에 품는 용으로 재탄생 된다. 이것이 물질문명의 시작점이다.

물질문명의 시작을 알리는 최초의 왕은 '용'으로 상징되며, 문명의 시작은 환웅으로부터 시작된다. 거발한 환웅이 문명의 시작점에 있었고 또 이 물질문명의 분화점에 치우천왕이 있었다. 즉 치우천왕은 최초 질서가 무너지는 시점에 등장한 왕이었고, 무너지는 질서를 바로잡으려 했던 왕이었다.

치우천왕이 가졌던 '불', 이 불의 씨앗을 누가 쥐느냐에 따라서 운명이 결정되었다.

03 불씨의 주인은 치우천왕이었다

불씨를 잇는 것은 정신의 맥을 잇는 것이다

우리 민족은 예로부터 연금술의 달인이었다. 불을 잘 다루는 민족이라 불을 이용하여 생활도구와 무기 등을 만들었는데, 그 흔적들은 고대 무덤 안에서 발견되는 토기, 검, 금속공예품 등에 잘 나타나 있다.

불은 창조와 파괴의 속성을 동시에 지니고 있다. 지수(地水)는 음의 속성이고, 화풍(火風)은 양의 속성이다. 물과 흙은 여성이 다스리고, 불과 공기는 남성이 다스린다.

여성은 물의 속성, 남성은 불의 속성을 가지고 있다. 물은 수축성이고, 불은 확장성이다. 물과 불은 서로 상극이지만 불은 물에 의해 조절되는 속성을 가지고 있다.

지수화풍(地水火風)중에서 불은 양날의 칼처럼 선과 악의 중심점에 존재한다. 그래서 불을 숭배하는 조로아스터교[6]는 선과 악의 신 '아후

---

6 고대 이란의 종교인 조로아스터(Zoroaster, BC 660~583)를 시조로 삼는 고대 종교. 아후라 마즈다(Ahura-Magda)를 최고신으로 숭배하기 때문에 마즈다교라고도 하고, 배화(拜火)의례가 있기 때문에 배화교라고도 한다.

라마즈다'를 이야기한다.

불을 잘 사용하면 문명의 편의와 향상을 가져오지만 불을 잘못 사용하면 종말의 파국으로 치닫는다. 그래서 불은 창조와 파괴의 속성을 동시에 지니고 있다. 따라서 이 불은 적절히 잘 사용해야만 한다. 이런 불의 기운을 적절히 조절하는 것이 물의 기운인데, 여성이 남성의 기운을 적절히 조절하는 것과 같은 이치이다.

불은 남성의 몫이고 물은 여성의 몫이다. 여성의 기운이 극을 치면 홍수나 해일 등 자연재해가 일어나고, 남성의 기운이 극을 치면 전쟁이 일어난다. 그래서 우리 한민족은 남성의 불씨를 여성에게 맡겨 불의 기운을 적절히 조절하며 통제하도록 만들었다.

남성은 세상을 컨트롤하고, 여성은 남성을 컨트롤한다.

남자는 아내에게 불씨를 맡기고 둘 사이에 태어난 아들의 불씨를 어머니가 보관하고 있다가 아들이 결혼을 하면 며느리에게 불씨를 물려준다. 이는 여성으로 하여금 남성의 불기운을 조절하고자 했던 우리 선조들의 지혜이다. 이러한 풍습은 며느리가 불씨를 꺼뜨리면 안 된다는 풍습으로 이어졌다. 불씨를 연결하는 그리스의 성화 봉송 또한, 이러한 풍습에서 이어져 온 것이다. 이것은 씨를 잇는다는 상징이기도 하며, 정신의 맥을 잇는 것이기도 하다. 이렇게 씨를 장자에게 이어준 것이 고대 조선의 풍습이었다.

고대에 쥬신(朝鮮)족[7]은 불기운을 다스렸고, 마고족은 물기운을 다스렸다. 물기운을 가진 마고족은 물과 흙에 관련된 치수, 관개 등을 발전시켰고, 불기운을 가진 쥬신족은 금속제련 산업 등을 발전시켰다.

물과 흙을 이용하여 건물을 짓고 피라미드를 짓는 것은 여성성이고, 불과 공기를 이용하여 무기를 만들고 확장하는 것은 남성성이다. 그래서 나일강, 유프라테스강, 황하강 등 강 주변지역에 피라미드가 많은 이유이기도 하다. 문명은 강 주변에서 일어났고, 물을 끌어다가 농작물을 재배했기 때문에 농경문화가 발달되었으며, 문명의 발전은 모두 강을 끼고 일어났다.

불씨에는 여러 가지 상징이 들어가 있다. 과거 옛날에는 불의 씨를 연결하여 보관하였는데, 이것은 점차 불씨를 이어받는 장자 사상으로 발전하게 되었다. 크게는 '정신의 맥'을 잇는다는 뜻이다.

따라서 그 옛날 중국의 황제가 치우천왕의 불씨를 가로챈 것은 우리 한민족의 장자권을 가로챈 것과 같다. 이는 곧 정신의 몰락을 가져오고 균형이 깨어짐을 뜻하며, 불의 씨가 서로를 죽이는 파괴의 도구로 쓰여져 갔다.

치우천왕으로부터 본격적인 물질문명이 시작되었다. 불씨를 빼앗겨 버림은 음양의 균형이 깨어지기 시작했다는 뜻이다.

치우천왕은 이런 음양의 태극점에 균열이 일어나는 것을 막으려 필사

---

7   고대 조선의 옛 발음으로 '쥬신' 혹은 '주신'이라 한다.

적으로 노력하였고, 또 어쩔 수 없는 전쟁을 할 수밖에 없었다. 장자에게 이어져 오던 불씨를 빼앗겨 버렸고 이를 파괴적으로 이용하려는 자의 손에 들어가면서 문명은 걷잡을 수 없는 소용돌이 속으로 진입 하게 되었다.

현재 지구정세가 돌아가고 있는 것을 보면, 북한의 핵은 불기운이고 미국의 화폐 또한, 불기운이다. 불과 불의 충돌은 전쟁 기운을 감돌게 한다. 둘 사이에 끼인 남한은 열심히 물 기운을 돌리려 하고 있다.

04 쥬신(朝鮮)족은 북방계 유목문화, 마고족은 남방계 농경문화

쥬신족은 북방계 유목문화를 이루었고, 마고족은 남방계 농경문화를 이루어 서로 협력관계를 맺었다. 쥬신족은 양, 마고족은 음을 상징한다. 이 둘은 음양의 태극을 돌려 서로 상생하였다. 쥬신족은 아버지 역할을 맡았고, 마고족은 어머니 역할을 맡았다.

문명의 발전은 농경과 유목이 서로 상생할 때 발전한다. 유목적 성격의 쥬신족은 아버지로서 길을 인도하고 외부의 적으로부터 가족을 지키고 보호한다. 농경적 성격의 마고족은 어머니로서 내부 살림을 도맡아 하게 된다.

여기에서 유목문화와 농경문화의 특징을 살펴보면, 유목민족은 무기와 기마기술을 바탕으로 불을 잘 다룬다. 농경민족은 치수와 관개기술이 발달하여 물을 잘 다룬다. 유목민족은 역동성과 확장성 그리고 이동성과 개방성을 가지고 있다. 반면에 농경민족은 수축성과 안정성 그리고 자족적이고 폐쇄적인 문화를 가지고 있다.

유목민족은 남성성을, 농경민족은 여성성의 성질을 가지고 있다. 유목민족은 남성중심의 사회로 이루어진 부계형이고, 농경민족은 여성중심의 사회로 이루어진 모계형 시스템이다.

이집트의 나일강, 메소포타미아의 유프라테스강, 티그리스강, 중국의 황하강 주변으로는 농경문화가 발달되어 있고, 중앙아시아 벌판은 유목문화가 발달되었다. 다시 말해 문명의 변화기에는 유목문화가 들어서고, 문명의 안정기에는 농경문화가 발달한다.

유목민족은 일신교이며, 농경민족은 다신교이다.

유목민족의 지도자는 길을 만들어야 한다. 없는 길을 만들어야 하고 또 부족을 통솔해야 한다. 마치 기러기가 그룹으로 이동하는 것처럼 지도자의 뜻에 따라 하나의 길로 함께 생활하고 함께 고생하며 이동을 해야 한다. 지도자를 따라야 전체가 통솔이 되므로 일신주의가 필요하다. 반면 농경민족의 경우, 태양과 바람과 흙과 인간이 조화롭게 어우러져야 하기 때문에 다신주의가 형성이 될 수 있었다. 또한, 유목민족은 길을 찾아 나설 때 하늘의 별을 보고 이동하기 때문에 점성술이 발달했고, 농경민족은 농사를 지어야 함으로 해와 달을 숭배하는 태양력, 태음력 등이 발달했다.

농경은 광물과 식물을 이용한 1, 2차원의 정착형이라면, 유목은 동물을 이용한 3차원이며 이동형이다.(1차원-광물계, 2차원-식물계, 3차원-동물계, 4차원-영계)

농경은 공간형이고 유목은 시간형이다.

여성은 자연에 가깝고, 남성은 영에 가깝다. 그래서 여성은 땅이고 남성은 하늘이며, 여성을 대지의 신 혹은 물의 신이라 하고, 남성을 불의 신, 바람의 신이라 한다.

여성은 가로형이고, 남성은 세로형이 되어 십자가 형태를 만든다. 여성은 공간이자 수평형이고, 남성은 시간이자 수직형이다. 다시 말해 여성은 자유이고, 남성은 질서를 나타낸다. 즉 여성과 남성, 음양의 원리를 농경과 유목에서도 찾아볼 수 있다.

기와가 떨어져 나가고 오해가 시작되다

환인은 뜻과 진리를 널리 알려 인간문명의 기틀을 마련한 에너지 주관자였다. 환웅은 환인의 뜻과 진리를 수호하며 물질적인 기틀을 마련한 물질 주관자였다.

환인과 환웅이라는 강력한 카리스마의 아버지가 있었기에 어머니인 마고는 지구 관리자로서 내실을 다지며 기후변화로 무너졌던 문명을 일구고 지구를 돌볼 수가 있었다. 문명의 확산이 이루어지고 안정화가 되어 농경문화가 번성할 즈음, 인구가 늘어나고 부족이 늘어나면서 생활 방식과 생각의 차이에서 비롯된 오해가 싹트기 시작했다.

이는 치우천왕의 전 환웅인 사와라(斯瓦羅)[8]환웅의 이름을 보면 그 상황을 유추해볼 수 있다.

사(斯-다하다. 떨어지다.), 와(瓦-기와 와), 라(羅-펼칠라)

'펼쳐진 기와가 떨어지다'란 뜻으로 본다면, 치우 이전부터 점점 부족들이 떨어져 나가기 시작했음을 알 수 있다. 즉 한국 12국이 배달 9국으로 3개의 부족이 떨어져 나가 다른 길을 걷고 있음을 유추할 수 있다.

치우천왕이 다스릴 시에는 문명의 안정기를 거쳐 농업이 번성하였고 산업의 발전으로 풍요로워지자, 여러 부족들은 서서히 욕심을 부리면서 분리의 움직임이 보이기 시작했다. 금속 등 무기들이 개발되면서 치우의 불씨를 탐내는 자들이 생겨났고, 에너지의 틈이 생기면서 전쟁의 씨앗이 싹트고 있었다.

---

8 18대 환웅

05 환과 단, 무의 상징 그리고 배달환국

환(桓)과 단(檀)

환인, 환웅, 단군의 시대에서 환과 단의 뜻을 살펴보면, 아래와 같이 풀어볼 수 있다. 환은 나무 아래 땅으로 내려온 해(하늘)를 나타내는 모습이고, 단은 나무 아래 땅으로 내려온 해가 땅에 정착하여 피라미드를 쌓고 그 위에 갓을 얹은 모습이다.

이는 하늘의 해가 땅에 정착하고 하늘과 땅을 연결하는 제사장 시대가 열렸음을 알 수 있다. 즉 본격적인 물질지구로 들어선 것이다.

한자를 더욱 단순 상징화시켜보면, 환은 △과 ○으로 이루어졌고, 이는 하늘 사람임을 나타내는 상징이다. 단은 거기에 ㅁ을 더하여 땅에 정착했음을 나타내준다. ㅁ은 땅을 상징하고, 어머니 나라 무의 상징이기도 하다.

갓과 사각형은 어머니 나라 마고문명 때 전승되어 온 것으로, 갓 모양의 ㅗ는 (양각)을 상징하고, ㅁ는 (음각)을 상징하며, 무대륙(Mu大陸) 말기 무렵, 여성에너지가 극에 이를 당시에 양의 기운인 남성에너지를 당기기 위해서 사용한 상징이 '고깔'이며 '갓'이다.

· 머, 모, 마, 무

모신을 나타내는 글자인 '머', '모'의 글자 모양은 사각형의 구멍 안에 남성의 성기를 넣는 모양으로 남녀합일의 상징이다. 남성의 기운을 받아들였을 때 진정한 모(母)가 탄생되는 것이다. 무대륙(Mu大陸)과 마고의 '마', '무'의 글자 모양의 음양을 보면, '마', '무'는 음의 양 기운이 되고 '머', '모'는 음의 음 기운이다.

마고, 무대륙(Mu大陸) 시절에는 음의 양 기운이 밖으로 표출되었고, 무대륙(Mu大陸)이 멸망하고 난 뒤에는 멸망 당시의 파장으로 인하여 머, 모와 같이 음 기운이 안으로 수축하게 된다.

무의 상징인 'ㅜ'를 거꾸로 하면 'ㅗ'이 된다. 땅 아래로 꺼졌던 무가 대륙으로 건너와 아버지 한(환)을 만나면서 '마'는 '모'가 되고 인류의 어머니로 다시 부활하였다.

무대륙(Mu大陸)의 잔재였던 이스터섬의 모아이나 제주도 돌하르방도 갓을 쓰고 있다. 이는 어머니 나라 무대륙(Mu大陸)에서 아버지 신을 기리며 만든 석상이기도 하다.

무대륙(Mu大陸)은 여성에너지가 극을 쳤을 때, 자연재해로 멸망을 하게 되었다. 그들은 음의 에너지를 조절하고, 양의 에너지를 끌어오기 위해 선돌을 세우고 고인돌을 세웠다. 고인돌 문화는 어머니 나라 무대륙(Mu大陸)의 마고문명으로부터 전수된 문화이다. 반면에 피라미드는 하늘과 땅, 어머니와 아버지의 만남을 상징한다. 땅인 어머니가 하늘인 아버지를 만나기 위해 높게 세운 것이 피라미드다. 이후 하늘 아버지(환웅)와 땅 어머니(마고) 사이에서 태어난 아들(단군)이 하늘과 땅의 매개체가 되었다.

환웅의 이름으로 살펴본 배달환국

1. 거발환 居發桓 = 환이 나타나서 자리를 잡다.

2. 거불리 居佛理 = 진리의 법으로 다스리며 살다.

3. 우야고 右耶古 = 우측(서쪽)[9]의 오래된 곳

4. 모사라 慕士羅 = 선비의 나라를 그리워하다.

5. 태우의 太虞儀 = 예절이 매우 염려가 된다.

6. 다의발 多儀發 = 예절을 일으켜 아름답게 하다

7. 거련 居連 = 잇닿을 연, 연을 연결하여 자리 잡다.

8. 안부련 安夫連 = 아비와 연결되니 편안하다.

9. 양운 養雲 = 구름을 다스리다.

10. 갈고 曷古, 獨盧韓 = 옛것을 상하게 하다, 나라들이 홀로 서니

11. 거야발 居耶發 = 나라를 일으켜 세워 자리 잡다.

12. 주무신 州武愼 = 고을의 힘 있는 자를 두려워하다.

13. 사와라 斯瓦羅 = 연결된 기와가 다하다, 떨어지다.

14. 자오지 慈烏支, 蚩尤 = 자비의 삼족오가 분별하다.

15. 치액특 蚩額特 = 이마가 특이하고 우습다.

16. 축다세 祝多世 = 많은 인간들이 빌었다.

17. 혁다세 赫多世 = 많은 인간들이 들고 일어나 꾸짖다.

18. 거불단 居弗檀 = 떨어버리고 박달나무 아래 자리 잡다.

---

9 북쪽에서 아래를 내려다보면 우측이 서쪽이 된다.

- 해석

- 환이 나타나서 자리를 잡고, 진리의 법으로 다스리며 살다.
- 서쪽의 오래된 곳이 있어 선비의 나라를 그리워하더라
- 그곳은 예절이 심히 염려가 되는 곳이었으나
- 예절을 일으켜 아름답게 만들었다.
- 그곳에 연을 연결하여 자리를 잡고
- 아비와 연결되어 있으니 편안하고
- 기후가 다스려졌다.
  ⇨ 성장단계

- 옛것을 상하게 하며 홀로선 나라가 생기니
- 나라가 일어나 자리를 잡았다.
- 고을의 힘 있는 자들이 두려움을 일으키니
- 연결된 기와가 떨어져 나가고
  ⇨ 확장단계

- 자비의 삼족오가 분별에 들어갔다.
- 이마가 특이한 왕이 우습게 되니
  ⇨ 분열단계

- 많은 인간들은 빌기 시작했고
- 많은 인간들이 여기저기 들고 일어나니
- 그들을 떨쳐버리고 박달나무 아래 새롭게 자리를 잡았다.
  ⇨ 분리단계

거발환(居發桓), 거련(居連), 거야발(居耶發), 거불단(居弗檀)의 '거'는 새롭게 자리를 잡거나 이주 시에 나타나는 단어이다. 갈고 환웅 때부터 침투가 들어오고 오해가 생기기 시작했으며, 거야발 환웅 때부터 제국들이 분리되어 나가기 시작했다. 이후 각 제국이 점차 힘을 길러 나가게 되었다는 뜻이다.

아비와 연결되었던 12국이 점차 벌어지기 시작하면서 나라의 질서가 흐트러졌고 부족 간의 격차가 심화되자, 자오지 환웅 즉 치우천왕이 일어나 전쟁에 돌입하게 된다. 이름처럼 자비로운 분별에 의해 통합을 시도하였고, 지구적으로 이름을 날리게 되었다. 그 기세는 귀신도 놀라 도망갈 정도의 파워였고 가는 곳마다 승승장구하였다.

그러나 치우천왕 다음 왕인 치액특(蚩額特)천왕은 '이마가 특이하고 우습다'라고 하였는데, 왕의 모습이 웃음거리가 되었다는 것은 권력의 힘이 약해졌음을 뜻한다. 이때부터 배달국은 서서히 내리막길을 걷게 되었다. 치우천왕 사후에 황제**10**에 의해 1차적인 역사 왜곡이 들어가게 된다. 배달환국이 분열되면서 제국은 동과 서로 나뉘게 되었고, 본격적인 빛과 어둠의 물질 판으로 돌입하게 된다.

환인은 천산 위(북쪽)에서 아래(남쪽)로 굽어보기 때문에 오른손은 서쪽을 향하고, 왼손은 동쪽을 향한다. 이에 환웅은 서쪽으로 크게 확장했으며, 배달환국이 분열된 뒤 단군은 동쪽으로 이주하였다. 그래서 환웅이 서방님이 되고, 서방세계의 부처인 아미타불이 되는 것이다.

---

10 중국의 건국 신화에 나타나는 제왕으로, 중국을 처음으로 통일한 군주이자 문명의 창시자로 숭배되고 있다.

06 현자의 돌과 순환의 법칙

현자의 돌

현자의 돌이란 색이 입혀지지 않은 순수 에너지체(energy 體)[11]이다. 순수 에너지체(energy 體)에 색이 입혀지는 순간, 물질우주의 탄생이 이루어진다. 물체에 빨주노초파남보의 특성이 입혀지게 되면 고유의 파장으로 진동하고, 물질에 각각의 특성과 성질이 부여된다. 신이 흙으로 빚어진 사람 몸체에 생기를 불어넣어 인간을 만들었다고 하는 것처럼, 땅이라는 물질지구의 원소에 하늘이라는 영의 에센스가 담기는 것이다.

현자의 돌이란 극성이 나타나지 않은 상태이다. 음과 양이라는 극성이 만나 음양합일이 이루어지면 삼태극의 조화가 생겨난다.

인간은 영원을 소망하고 변치 않는 그 무엇을 찾고자 한다. 물질 속에서 영원을 찾을 수는 없다. 왜냐하면 이원성은 시간의 지배를 받기 때문이다. 영원성은 정신의 영역이다. 그래서 물질은 유한하고 정신은 영원하다. 진시황이 동방으로 가서 찾아오라던 불로초는 바로 정신의 맥을 말한다. 연금술사들이 찾으려 했던 불사의 영약인 불로초는 바로

---

11 에너지를 갖는 물체

현자의 돌이다. 연금술사들은 물질을 통해서 정신에 접근하려 하였다.

현자의 돌은 모든 금속을 금으로 변성시킬 수 있다고 한다. 금이란 지구물질 중에서 변치 않는 속성을 가지고 있다. 현자의 돌은 극성을 통합시키는 돌이다. 극성을 통합시키고 나면 이원성에서 벗어나 시간의 지배를 받지 않으며, 시간의 지배를 받지 않으면 영원에 도달할 수 있다. 이는 곧 정신영역으로 진입했음을 이야기한다.

시간의 시작과 끝을 연결할 때 O이 탄생되며, O은 곧 영원이며 불변이다. 자신의 꼬리를 입에 물고 있는 뱀인 아우로보로스 혹은 우로보로스(Ouroboros)가 있다. 연금술사들에게 이 아우로보로스는 〈하나에서 전체로〉라는 표어로 설명된다. 즉 모든 물질은 근본적으로 하나이며, 각각의 요소가 하나같이 전체와 연관되어 있다는 이야기이다. 시작과 끝이 만나 하나로 통일된다. 그래서 창조주는 원으로 상징된다.

봄, 여름, 가을, 겨울 그리고 봄, 순환의 이치

환인과 함께 꽃 피는 봄이 찾아왔고, 환웅 때에 이르러 지구의 풍요로운 여름이 절정기에 다다랐으며, 단군 때에는 기운이 수축하는 가을을 맞이했다. 마지막 단군이 고조선의 문을 닫은 뒤로 우리 한민족은 기나긴 겨울을 맞이하였다.

태양이 뜨고 지고, 달이 뜨고 지고, 봄, 여름, 가을, 겨울 또 봄이 찾아온다. 순환하는 질서 속에 탄생-성장-죽음-부활의 네 단계는 계절처럼 돌고 돌아 좀 더 성숙되고 완성된 상태를 만들어 간다. 마찬가지로 지구의 질서도 돌고 돌며 인간의 삶도 계절처럼 왔다가 가고, 또다시 봄이 찾아온다. 문명이 흥하면 반드시 쇠하고, 주는 만큼 되돌려 받고, 받은 만큼 되돌려주는 것이 이 지구의 이치이다. 지금의 시기는 되돌려지는 U턴의 시기이며, 복본의 시기이다.

물질문명은 지금 가을이라는 추수 중에 있으며, 정신문명은 긴 겨울을 지나 봄을 맞이할 준비를 하고 있다. 정신은 물질을 앞서간다. 에너지 차원에서 먼저 이루어지고, 물질은 뒤에 따라온다. 이것은 마치 건축가가 설계도면을 먼저 그리고 뒤이어 건물을 짓는 원리와 같다.

숨을 들이마시고 내쉬듯, 문명도 분열과 확장을 하였으면 다시 수렴, 수축하는 시간이 돌아온다. 이제는 숨을 들이마시듯 내면으로 돌아가는 시간이다. 나를 돌아보고 나의 관념이 완전히 죽어야 새롭게 부활을 할 수가 있다. 물질이 완전히 해체되어야 새롭게 조립을 할 수 있고,

새로운 그림을 그릴 수가 있다.

우리 한민족은 과거 시원의 초기에 흥하였던 길을 뒤로하고, 문명의 쇠퇴 및 수축의 시기를 지나, 이제 다시 과거의 기억을 회복하려 하고 있다. 인류의 상생을 주도하기 위한 문명의 개화시기를 맞이하게 되었다. 그러기 위해서 우리 한민족은 철저히 혹은 완전히 죽어야 새롭게 부활을 할 수가 있다. 이 죽음은 새롭게 신인류로 탄생하기 위한 죽음이요, 죽어야 사는 이치이다. 이제껏 딱딱하고 두껍게 자신을 가두었던 관념의 벽을 깨고 본성의 빛을 드러내야 한다. 기존의 관념의식으로는 절대 인류문명을 주도할 수 없다. 죽어서 새롭게 부활해야 가능한 일이다.

멈추어서 완전히 죽고 새롭게 부활하라!

이제 각자의 정체성을 찾고 각자의 자리에서 자신의 역할을 다할 때 태극은 회전한다. 5000년 동안 DNA유전자 속에 간직했던 우리의 얼을 되찾아 물질과 정신이 조화로운 상생의 지구를 만들어 가야 할 것이다.

물질문명의 종말과 정신문명의 부활

서양은 봄-여름-가을-겨울 사계절의 순환과정을 탄생-성장-죽음-부활이라는 사상으로 설명해 놓았다. 탄생-성장-죽음-부활의 과정에서 우리는 지금 죽음의 문턱에 다가와 있는 셈이다. 탄생-성장-죽음은 물질적인 변성과정이고, 부활은 영적인 변성과정이다. 부활의 과정을 연금술에서는 물질을 해체하여 다시 조립하는 것으로 비유를 하였다.

예수 드라마는 탄생-성장-죽음-부활의 코드를 잘 보여주고 있다. 부활이란 죽은 자가 다시 살아나는 것이 아니라, 내세에 다시 태어나는 윤회사상이며, 정신의 연결이기도 하다. 우리의 육신은 죽지만 우리의 영혼은 다시 태어나길 반복한다.

물질의 해체와 결합은 곧 창조와 파괴처럼 새롭게 부활하기 위한 과정이다. 연금술사들은 물질해체와 물질결합을 통해서 금을 만들고자 했다. 영적인 측면으로 보았을 때, 금을 만들어가는 과정에는 인간의 영적인 성장에 관한 상징이 담겨있다. 물질의 일곱 가지 성질을 통해 내면을 분해하고 결합시키는 방식을 연금술로 풀이하면 아래와 같다.

소성(燒成) ⇨ 열을 가하고
용해(鎔解) ⇨ 녹이고
분리(分離) ⇨ 떼어내고
결합(結合) ⇨ 재결합하여
발효(醱酵) ⇨ 발효, 숙성시켜
증류(蒸溜) ⇨ 불순물을 제거하고
응고(凝固) ⇨ 제대로 안착시킨다.

물체에 열을 가하여 용해시키고 분리하여 물질을 완전히 해체한 후, 결합하고 발효시켜 증류한 후, 응고시키는 것은 물질의 조립이다. 소성, 용해, 분리는 봄의 과정이고, 결합과 발효는 여름의 과정이며, 증류는 가을의 과정이고, 응고는 겨울의 과정이다.

소성, 용해, 분리는 물질의 분해과정이고, 결합과 발효, 증류, 응고는 물질의 결합과정이다. 기존의 물체를 완전히 분리·분해하여 기본바탕으로 만든 후, 새롭게 재결합하여 단단하게 완성시키면 하나의 틀이 완성된다. 위 과정을 반복하면 할수록 불순물은 걸러지고 완전에 가까운 물질을 얻어낼 수 있다. 인간도 위와 같은 과정을 거친다. 기존의 불완전한 생각이나 사상을 완전히 분리하고 해체한 후, 새로운 사상과 생각을 입식하면 새로운 나로 재탄생할 수 있다.

우리는 새롭게 봄을 맞이하기 위해서 완전한 죽음을 경험해야만 한다. 나를 완전히 해체하여 새롭게 신인류로 탄생하기 위한 기로에 서 있다. 아무리 막으려 해도 봄은 찾아오고 땅에는 새싹들이 돋아나며 계절의 순환은 이어진다. 봄, 여름, 가을, 겨울 그리고 또 봄은 온다.

07 환웅의 천부인 (거울과 북과 검)

차가운 빙하기를 거쳐 지구의 문이 다시 열리고, 환인의 뜻을 이어받은 환웅이 천부인(天符印) 세 개를 가지고 이 땅에 내려왔다. 환인께 받은 천부인 세 개란 '거울'과 '북'과 '검'이다.

거울과 북과 검은 환웅의 특징을 상징한 것이다. 하늘에서 받아온 인(印)이기 때문에 대단한 신물처럼 여겨지겠지만, 이는 환웅의 특성을 거울과 북과 검으로 비유하여 놓은 것이다.

인간들은 보이지 않는 모든 것을 물질화하려는 속성을 가지고 있다. 물질화하여 상징을 만들고 그 안에 담긴 의미보다도 그 상징 자체를 숭배하고 신성시한다. 그 안에 담긴 뜻은 보려 하지 않고 겉모습만 보고 판단하려 한다. 천부인을 통해서 환인과 환웅이 진정 전하고자 하는 뜻은 무엇일까?

거울과 북과 검으로 상징되는 환웅님은 그 모습이 광명과 같아 거울처럼 상대를 비춘다. 거짓 없이 투명하게 광명을 비추며 거짓을 드러내는 속성을 가졌고, 북처럼 같은 호흡, 같은 의식으로 하나 되는 의식을 만들었으며, 검처럼 바르게 분별하고 결정하였다.

모든 사물에 담긴 의미와 뜻을 살펴 그 안에 들어있는 본마음을 살펴길 바란다. 환웅의 천부인에는 거울과 같이 상대를 비추며, 북처럼 호흡하고, 검처럼 자르라는 큰 의미가 담겨있다.

환웅은 거울과 같은 속성이 있기 때문에 거짓이 많은 자는 환웅을 사기꾼으로 볼 것이며, 살기가 많은 자는 환웅을 폭군으로 볼 것이며, 마음이 비단결 같은 자는 환웅을 비단결 같은 마음을 가진 이로 볼 것이다. 이렇듯 우리는 거울에 비추어진 자신의 추악한 모습을 보고 상대를 죽이려 한다. 그래서 서로를 죽이고 죽는다. 상대를 죽이는 것은 곧 나를 죽이는 것이다. 상대를 통해서 나를 바라본다. 우리는 서로를 비추는 거울이다. 이것이 바로 환인의 별빛 네트워크이다.

· **거울(鏡)**
너는 나를 보지만 그건 너의 모습이다.
나를 통해 반사되는 너의 모습이다.
너와 나는 다르지 않다.
내가 곧 너요, 네가 곧 나다.
하느님의 모습은 바로 너의 모습이다.
나를 통해 너를 들여다보아라.
하나님의 모습은 바로 너의 모습이라!
나는 너를 비추는 거울이다.

• 북(鼓)

맥박의 고동소리 힘차게 두드린다.

우리는 같은 소리로 진동한다.

같은 호흡으로, 같은 진동을 맞춰 하나를 이룬다.

함께 두드리며 함께 호흡하라!

심장의 고동소리처럼 나와 함께 진동하라!

이는 우리의 의식이 하나 되게 하기 위함이며

서로의 기운을 북돋는 행위이다.

• 칼(劍)

너의 주변을 단속하라!

자신의 넋과 얼을 빼앗기지 않도록 너 자신을 지키라!

순수를 지켜야 하는 곳에 너의 검을 쓰라.

밖으로부터 안을 지키라. 너와 네 가족을 지키라!

이 검은 사람을 죽이는 검이 아니라 살리는 검이니

너도 살고 나도 살기 위한 검이어야 한다.

08 하늘님을 닮고 싶어 하는 이들

정신문명이 흥했던 시대에는
본성의 빛이 화했던 시절로,
그 빛은 천리, 만리까지 퍼졌다.

지금처럼 물질이 극에 달하지 않았던 때인지라,
마음의 아름다움은 밝고 환한 모습으로 현현되었다.

하늘에서 내려온 환인은 태양이며
환웅은 환인의 분신이라!

광명으로 이 땅에 내려와
육체라는 물질 옷을 입었을 때
우리는 그 존재를 환웅이라 불렀으며,
지구인들은 환인과 환웅을 하늘에서 내려온 님,
'하늘님'이라 불렀다.

하늘님의 혼은 육체라는 물질 옷에 다 담기지 않았다.
빛의 에너지체로 지구원소에 닿을 때마다
지구원소는 살아 움직이듯 따뜻한 온기가 살아났다.

태양이자 광명인 환인은 북극성에 정좌한 하늘님이요,
환웅은 물질로 화한 북두칠성 하늘님이라!

지구 어머니 마고의 후예인 웅녀를 통해
진정한 빛의 인간을 남겼으니
그가 바로 태양의 아들인 단군천제이라!

태양의 아들과 빛의 님들이 지구를 다스리니
그 다스림이 지구를 생(生)하게 하니라.

지구 토속민들은 하늘에서 오신 이들의 모습이
눈부시도록 밝고 환하여 감히 쳐다보지 못했으니
그저 그들의 모습을 태양과 같이 밝은 '광명의 님'이라 불렀다.

몸을 이루고 있는 세포 하나하나가 하얀빛으로 빛나니
그들 눈에는 존재 자체가 흰빛으로 보이더라.

그리하여 태양의 혈육들은
얼굴은 해처럼 하얗게 빛나는 광명으로 보이니
그 모습이 너무나도 아름다웠다.
이는 본성의 빛이 물질에 화하여 드러나는 아름다움이었다.

북두칠성 우주에서 내려와
지구 어머니를 통해 태양의 아들을 잉태하여
그로 하여금 지구를 다스리게 하였으니,

그 빛이 온 지구를 감싸고 식물들은 춤추었고 원소들은 빛났다.

우주전쟁으로 얼음 행성이 되었던
지구에 봄이 찾아오니
봄을 가져온 자요, 봄의 꽃을 피우는 자이다.
하늘님들은 조화 그 자체였다.

환인님이 지구로 들어오는 차원 문을 열었을 때
다른 우주 존재들이 들어왔고
그들은 지구에서 인종실험을 하였다.

어떻게 하면 환한 빛을 가질 수 있을까?
어떻게 하면 사랑의 존재가 될까?
어떻게 하면 아버지와 닮을 수 있을까?

그들은 지구원소를 이용하여
우리의 하늘님을 닮은 모습을 만들어내려 하였다.
그렇게 하여 탄생된 종족이 백인이었다.

물질적 겉모습만을 닮은 그들
빛을 발산하는 흰색 피부의 인조인간
그리고 흰색인간을 만든 존재는 말하였다.

"보기에 참 좋았더라"

09 하늘님 그리고 치우천왕

계절의 하늘님들

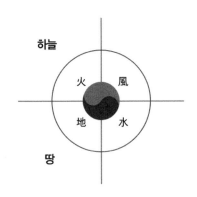

불과 바람은 하늘의 영역이고, 물과 흙은 땅의 영역이다. 양은 불과 바람을 다스리고, 음은 물과 흙을 다스린다.

양의 기운이 세면 가뭄이 일고, 음의 기운이 세면 홍수가 난다. 양의 기운이 떠나고 음의 기운이 극을 칠 때 빙하기가 찾아왔고, 양의 기운이 극을 치고 음의 기운이 눌렸을 때 전쟁이 일어났다.

양은 열기이고 음은 냉기이다. 양은 태양이고 음은 달이다. 음과 양이 조화로울 때, 기후 또한, 조화롭다.

• 봄 손님으로 찾아오다 -환인-

음의 에너지가 극을 치니 지구에는 긴 겨울이 찾아왔다. 무대륙(Mu 大陸)이 멸망하고 난 후, 살아남은 마고의 후예들은 대륙으로 이동하여 새롭게 문명을 일구었다.

태양이 떠오르고 한 마리 새가 날아오르니, 태양의 빛에 가려 까맣게 보이더라. 그래서 사람들은 그 새를 다리가 셋 달린 까만 새라 부르니 그 새가 바로 '삼족오(三足烏)'였다.

삼족오가 지구로 찾아온 뒤, 지구는 그 마음을 녹여 따뜻한 온기로 품었다. 지구별의 차가운 마음을 녹여준 이는 바로 하늘 아버지였다.

북극성에 정좌한 하늘님이 북두칠성을 거쳐 지구로 들어오니, 지구에 찾아온 봄 손님이 바로 환인이었다. 환인이 가는 곳마다 생명의 싹이 돋아나기 시작했으니 물질지구에 에너지 기틀이 마련되었다.

• 여름의 찬란한 문명을 세우다 -환웅-

환인의 뜻과 진리를 이어받은 반인반신(半人半神)의 환웅은 에너지를 물질화시키고 확장시켰다. 지구 어머니의 터전 위에 문명을 일구고 번성시키니, 하늘 법이 땅에 안착되고 조화로운 문명이 지구에 꽃폈다. 지구 아버지의 질서 속에 지구 어머니의 자유가 꽃피던 시절로 음양이 조화된 세상이 있었다.

물질지구의 시초가 되는 거발한 환웅은 물질과 정신의 경계선을 나누었으며, 거발단 환웅을 끝으로 지구는 물질과 정신 둘로 나뉘어 분화되게 된다. 즉 환웅이 환인의 뜻을 이어받아 지구에 세로축을 만들며 물질로 하강하자, 남과 북, 동과 서로 나뉘었다.

환인에서 환웅은 북(하늘)에서 남(땅)으로 내려와 문명을 시작하였고,

환웅에서 단군은 동(정신)과 서(물질)로 문명의 분화 및 민족 대이동이
시작되었다.

땅에 점을 찍자 기운은 네 방향으로 퍼졌고, 사각형 가운뎃점에 환
웅이 좌정하고, 피라미드 상단 꼭짓점에 환인이 있다.

피라미드처럼 에너지가 형성되니 천구의 북극인 북극성에 환인이 있
고, 북극성을 보좌하는 북두칠성은 환웅으로 화했으며, 땅으로 내려
와 환웅은 동서남북 네 방위를 만들었다. 그래서 하늘의 중심에는 환
인이 있고 지구의 중심에는 환웅이 있다.

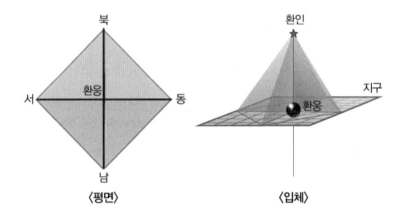

• 영혼을 추수하는 자 -치우-

음양이 조화로우면 기후가 안정되고 문명은 꽃을 피운다. 인생도 탄
생-성장-죽음-부활을 거치고, 계절 또한, 봄·여름·가을·겨울이 돌
듯, 문명에도 꽃은 피고 진다. 꽃이 활짝 만개한 뒤 하나둘 꽃이 떨어
지고 열매를 맺을 무렵, 가을 추수는 시작이 된다.

배달한국시대에 문명이 성장하여 부족에서 국가체제로 굳어질 무렵 등장한 환웅이 자오지(慈烏支), 바로 '치우천왕'이었다. 계절의 순환 속에서 꽃들이 하나둘 지기 시작할 무렵, 외부에서 침투해 들어온 세력이 점점 그 힘을 바이러스처럼 확장하기 시작했다.

물질과 정신이 조화롭던 땅에 바이러스처럼 퍼진 외계 존재는 점차 그 힘을 확대하여 갔다. 치우천왕은 바이러스가 침투하는 것을 막기 위해 동에 번쩍, 서에 번쩍 여기저기 전쟁을 치러야만 했다.

이때 당시만 해도 물질계와 영계에 막이 쳐있지 않던 시절이었다. 그러나 외부로부터 들어온 세력, 즉 바이러스와 같은 기운을 차단하기 위한 막이 쳐지면서 배달한국의 일부 제국을 떼어낼 수밖에 없었다. 이것이 물질화의 시작이었다. 물질과 정신이 분리되는 시초 점에는 외계 존재가 등장하게 된다. 치우는 물질화되기 전 에너지 상태에서 침투되는 파장을 잡아내는데 탁월한 능력을 갖추고 있었다.

전쟁의 신, 치우천왕

치우는 백전백승 전쟁의 신이었다. 중국 헌원 황제[12]와의 전투에서 치우가 패했다면 왜 사람들은 헌원 황제를 전쟁의 신이라 안 부르고, 치우천왕을 전쟁의 신이라고 부르는 걸까? 치우는 물질과 정신의 분리 경계에서 치열한 전쟁을 치러야만 했다.

그 기세가 얼마나 대단했기에 세계적으로 이름을 떨친 것일까? '이

---

12 중국의 건국신화에 나타나는 황제로, 이름은 헌원이며 치우와 전쟁을 치른 인물이다.

집 저 집 귀신 쫓는 데는 치우만한 이가 없다'며 치우상을 붙이는 이유가 여기에 있다.

치우는 귀(鬼)와 마(魔)를 번개와 같은 속도로 잡아냈고, 이 귀와 마를 잡는 그물을 '인드라망'이라고 한다. 그래서 치우를 제석천 혹은 인드라라고 부르는 이유이다.

환웅의 역할은 광명이 모든 만물에 두루두루 소통하도록 하는 역할을 가지고 있었다. 빛을 가리고 소통을 막는 귀와 마를 걸러내어 지구에 빛이 꺼지지 않도록 만드는 미카엘이었다.

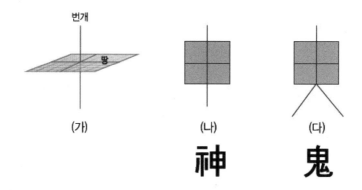

(가) 그림에서처럼 환인의 뜻이 지구로 내려온 모습은 마치 지구 땅을 상징하는 田에 광명과 같은 빛을 꽂음과 같다. 그래서 神은 示(보일 시−제사를 지내다)+申(펼 신)이 합해진 것으로, 申이라는 한자는 번개처럼 하늘과 땅을 관통하는 빛의 형상이다. 반면에 鬼는 (다) 그림처럼 하

늘에서 땅으로 잘못 꽂아 이원성으로 분리되어 발생된 카르마의 흔적이 귀(鬼)이다. 지구 땅인 田에 다리가 달려 움직이는 형상이다. 즉 빛을 잘못 꽂으면 관통하지 못하고 두 개로 나뉘며 여기에 사사로운 마음이 더해져 귀가 된다.

환웅은 이러한 귀와 마가 세상의 소통을 가로막는 베일처럼 작용하기 때문에 귀와 마를 완전히 소멸하여 한이 남지 않도록 하였으며, 무엇보다도 소통을 강조하였다.

부도지에 보면, 환웅의 무여 율법에 소통에 관한 내용이 잘 나와 있다. 무여 율법 4조는 귀(鬼)와 마(魔), 즉 바이러스 침투에 관한 율법이다.

한웅씨(桓雄氏)는 무여 율법 4조(無餘律法四條)를 제정하여, 환부(鰥夫)로 하여금 조절(調節)하게 하였다.

1. 人之行跡 時時淸濟 勿使暗結生鬼 煩滯化魔 使人世 通明無餘一障
   사람의 행적은 때때로 깨끗하게 하여, 모르는 사이에 귀(鬼)가 되지 않게 하고 번거롭게 막혀서 마귀(魔鬼)가 되지 않도록 하며, 인간의 세상으로 하여금 밝게 통하여 하나라도 장애가 없도록 하라

2. 人之聚積 死後堤功 勿使陳垢生鬼 濫費化魔 使人世 普洽無餘一憾
   사람의 취적(언행이 모여서 쌓인 것)은 죽은 후에 공을 드러내어, 더러움을 말하여 귀(鬼)가 되지 않도록 하고, 허비하여 마귀가 되지 않도록 하며, 인간 세상으로 하여금 널리 흡족하게 하고 하나라도 한(恨)이 없도록 하라.

3. 頑着邪惑者 謫居於曠野 時時被其行 使邪氣 無餘於世上

   고집이 세고 사악하고 미혹한 자는 넓고 밝은 광야에 귀양 보내 살
   게 하여 때때로 그 행동을 돌아보게 하여 사악한 기운이 세상에
   남지 않게 하라

4. 大犯罪過者 流居於暹島 死後焚其尸 使罪集 無餘於地上

   크게 죄와 잘못을 범한 자는 해가 떠오르는 섬에 유배를 보내 살
   게 하고, 죽은 후에 그 시체를 불살라 육체 안에 깃든 죄의 껍질이
   지상에 남지 않게 하라.

10 치우, 제석천, 제우스는 하나의 아바타

나라마다 신의 이름은 제각각 다르지만 각 신에게 부여된 역할들은 비슷하다. 예를 들면 그리스 시대 제우스는 로마 시대로 넘어오면서 주피터(유피테르)라 불렸으며, 그리스 시대 결혼의 신인 헤라는 로마로 넘어오면서 주노(유노)라 불렸다. 이렇듯 신은 각 나라나 문명에 따라 다른 이름으로 불렸기 때문에 신이 가지고 있는 역할로 분류해야 할 것이다.

치우와 제석천 그리고 제우스의 공통점은 모두 신들의 주신(主神)이라는 점이다. 또한, 강력한 남성신으로, 벼락, 번개 그리고 천둥과 같은 기후를 다스리고 질서를 유지하며 황소와 닮은 특성을 가지고 있다.

치우(자오지 환웅)	제석천(인드라)	제우스(주피터)
하늘의 뜻과 진리를 수호	불법을 수호	신들의 수호자
풍백, 우사를 관장	벼락과 천둥을 관장	천둥, 번개, 비바람
황소투구	황소를 닮았다	
창과 방패, 마차	금강저, 그물, 마차	삼지창, 벼락과 독수리
전쟁의 신	힘이 센 신	강력한 남성신

치우, 제석천, 제우스는 전 세계적으로 널리 알려진 동일 신(神)이지만 같은 인물, 다른 이름으로 알려진 하나의 아바타이다. 중국과 한국에서는 치우천왕, 인도에서는 인드라, 불교에서는 제석천으로 불려진다. 이 신들은 데바[13]계열에 속하는 신으로, 자연 정령과 밀접한 관련을 가지고 있다.

제석천은 환웅이고 칠성님이다

제석천은 수미산 꼭대기에 있는 도리천의 임금이다. 사천왕과 삼십이천을 통솔하면서 불법을 지키고 불법에 귀의하는 사람을 보호하며 아수라의 군대를 정벌하는 하늘의 임금이다.

제석천은 고대 인도에서는 '인드라'라고 불렸으며, 불교가 들어온 뒤에는 '제석천(帝釋天)'으로 불렸다. 제석천의 무기는 벼락이며, 신들의 왕으로서 날씨와 전쟁을 관장한다. 그리스 신 제우스와 역할이 비슷하다.

제석천은 음역으로 [석가제환인다라]라고 한다. 음역 때문에 환인이라고 알고 있지만, 역할로 보면 제석천은 '환웅'임을 알 수 있다.

환인은 법을 전하는 하늘의 신이고, 환웅은 법을 실행하는 지구의 신이다. 환인은 이원성이 탄생되기 이전, 순수의식 상태이기 때문에 음양이 조화를 이룬 삼태극이며, 처음 지구로 들어온 삼족오이다. 뜻과 진리 그 자체인 석가모니 부처이다.

---

13 자연을 다스리는 천신

반면에 환웅은 제석천으로, 석가모니가 성불한 이후 석가모니의 수호신으로 도리천 하늘 33천의 주인이다. (프리메이슨의 최고위치도 33도이다.)

제석천은 지구의 아버지이며 신들의 주신이요, 신과 인간들의 왕이었다. 환웅은 물질지구가 탄생하면서 생겨난 음양이라는 이원성에서 탄생된 [양]으로 극 남성성을 지니고 있으며 질서의 신이기도 하다.

석가모니 부처가 진리 그 자체라면, 제석천은 진리를 수호하는 신이다. 석가모니 부처는 북극성이고, 제석천은 북두칠성이 된다. 마찬가지로 환인은 북극성이고 환웅은 북두칠성이다. 북두칠성은 북극성을 수호하며 환웅은 북두칠성으로 상징되기 때문에 칠성님이라고 불린다.

북극성 (환인) ⇨ 석가모니
북두칠성 (환웅) ⇨ 칠성 ⇨ 제석천

제석천과 인드라망

제석천 인드라의 완전한 이름은 사크라 데바남 인드라(Sakra devanam indra)이다. 샤크라는 '강력한', '힘이 세다'는 뜻의 형용사이고, 데바는 자연 천신을 의미한다. 이 말은 곧 강력한 자연 천신 인드라라고 풀이해 볼 수 있다.

인드라는 인도 고대 사회에서 가장 강력한 힘을 지닌 신들의 제왕이다. 불굴의 투지를 지니고 싸우면 언제나 이기는 승리자이며, 구세주로 나온다. 무사에게는 군신(軍神)이요, 사제에게는 이 세계를 다스리는 질서의 신으로 섬겨지며, 농부들에게는 풍작과 풍요의 신으로 나타난다. 그래서 농부들은 나무 주변에 모여 이 신을 찬양하며 경배한다. 천둥을 치고 비를 내리게 해 이 땅을 비옥하게 만들기도 하고, 질서를 깨는 이에겐 벼락을 날리는 것이 마치 그리스의 제우스 신과 똑같다.

『리그 베다14』에 묘사된 인드라의 특징을 간추려보면 아래와 같다.

   첫째, 그는 늙지 않는 존재로서 언제나 젊은 성인의 모습을 하고 있다. 그리고 싸움을 잘하는 황소를 닮았다.
   둘째, 그에게는 공포가 없다. 그러나 질투가 매우 많은 편이며 화를 잘 내기도 한다.
   셋째, 윤리적인 면에서 매우 도량이 큰 까닭에 많은 사람들이 그를 찬양하며 떠받들고 있다.
   넷째, 지적인 면에서 매우 총명하고 신중하며 사리 판단이 옳아 아래 사람들에게 좋은 충고를 한다.

인드라에게는 두 가지 무기가 있다. 하나는 금강저이고, 하나는 그물이다. 금강저는 뾰족하게 솟아나온 1천 개의 창이 있다. 인드라는 이 금강저를 오른손에 들고서 마차를 타고 쏜살같이 달려가 적을 섬멸한다. 마치 치우가 창과 방패를 들고 마차를 타고 쏜살같이 달려가 적을

---

14 인도의 가장 오래된 문헌으로 브라만교 및 힌두교의 정전이다. 자연신 숭배의 찬미가를 중심으로 혼인, 장례, 인생에 관한 노래, 천지창조의 철학 시, 십왕 전쟁의 노래 등을 포함하고 있다.

섬멸하는 모습과 유사하다. 전쟁에서 승리하는 것은 오직 이 인드라 신에 달려 있다고 전할 정도다. 더불어 그의 또 하나의 무기인 그물(인드라망)은 너무나 커서 하늘을 덮을 정도라고 했다. 인드라의 에너지 기운은 뾰족하게 솟아나온 1천 개의 창으로 표현된다. 이 모습은 '인드라'라는 신의 에너지 형태를 물질적으로 표현하여 놓은 것으로, 인드라의 역할과 관련이 있다. 사방으로 뻗친 수천 개의 창은 마치 하나의 네트워크망을 이룬 것과 같고, 이 망은 하나의 그물처럼 작용한다.

• **인드라망이란 무엇인가?**

인드라망은 인드라 신이 거주하는 궁전, 하늘을 덮고 있는 그물이다. 그물망 코마다 보배 구슬이 촘촘이 박혀 있어 하나의 구슬에 수많은 구슬들이 비추인다. 그렇게 해서 각각의 구술마다 수많은 구슬들이 서로 비추는 관계를 형성한다. 이것이 인연의 고리이다.

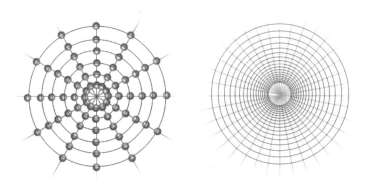

치우천왕은 보는 자의 시각과 목적에 따라 다르게 비친다

수많은 기록들에서 치우는 다양한 모습, 다양한 얼굴로 나타난다. 즉 보는 자의 시각과 목적에 따라 어떤 이에겐 영웅으로, 어떤 이에겐 폭군으로 그려진다. 이것은 마치 환웅이 거울을 들고 비추는 것과 같다.

환단고기[15]에서는 치우를 환웅시대 14대 통치자로 이야기하고 있다. 중국의 시조인 황제를 물리친 왕으로 기록하고 있으나, 중국의 사서에서는 치우를 폭군 혹은 탐욕자로 그렸으며, 황제 헌원에게 패했다고 전한다. 반면에 우리나라에서는 전쟁의 신이자 승리의 화신으로 그려진다.

치우 신에 대한 기록 중 하나로, 성경의 에스겔서에 보면, 마치 치우천왕의 모습을 보는듯한 구절이 있다. 갈대아 땅에서 제사장 에스겔이 본 신의 모습을 묘사해 놓았는데, 이는 사기[16]에 나오는 치우의 모습과 흡사하다.

> "불이 번쩍번쩍하며 불 가운데 단 쇠 같은 것이 나타나 보이고, 발바닥은 송아지 발바닥 같고, 마광한 구리같이 빛나며, 숯불과 횃불 모양과 그 불은 광채가 있고, 그 가운데서는 번개가 나며 왕래가 번개 같이 빠르다……." 〈에스겔서〉

---

15 환단고기는 한국 상고사에 대한 책으로, 1911년 계연수가 편찬하였다고 전해진다. 책 내용은 네 가지 사서, 삼성기, 단군세기, 북부여기, 태백일사를 묶어 편찬한 형식이며, 고조선 이전에 환국과 배달국이 존재하였다고 기술하고 있다.

16 중국 전한 왕조의 무제 시대에 사마천이 저술한 중국 역사서.

"치우는 노산의 쇠로써 오병을 만들었다. 그런데 치우는 보통 사람이 아니었다. …(중략)… 황제가 섭정을 할 때 치우와 그 형제 81명이 있었다. 그들은 모두 짐승의 몸에 사람의 말을 하였다. 구리 머리에 소의 이마를 가졌고 모래와 돌을 먹었다. 병장기로 칼·창·큰활 등을 만들어 천하에 위세를 떨쳤다." 〈사기(史記)〉

"이로부터 후에 치우천왕이 땅을 개간하고 구리와 쇠를 캐내어 군대를 조련하고 산업을 일으켰다. 또 몇 대를 지나 자오지 환웅께서 나셨는데, 귀신같은 용맹이 뛰어났으니 동두철액을 하고 능히 큰 안개를 일으키듯 온 누리를 다스릴 수 있었고, 구야를 만들어 이로써 광석을 캐고 철을 주조하여 병기를 만드니 천하가 모두 크게 그를 두려워하였다. 세상에서는 치우천왕이라 불렀으니 치우란 속된 말로 우뢰와 비가 와서 산과 강을 크게 바꾼다는 뜻을 가진다." 〈삼성기〉

11 한(환)문명과 마고문명

환인, 환웅과 마고와의 만남

1만 년 전, 태평양에 존재하던 무대륙(Mu大陸)이 멸망하고 살아남은 자들은 대륙으로 이주하였다. 무대륙(Mu大陸)의 살아남은 자들은 동에서 서로 이동하면서 대륙의 원주민이 되어갔다. 무대륙(Mu大陸)의 지배층이었던 여사제들은 '마고의 후예'라 불렸으며, 이들은 아시아 대륙으로 들어와 하늘에 제사를 지냈다. 하늘을 향해 하늘님을 불렀고, 기도에 응답한 하늘님은 이 땅에 현현하였다. 하늘님(환인)의 아들 환웅은 지구에 내려와 이 땅을 다스리는 신이 되었고, 하늘님의 나라가 이 땅에 세워졌다. 환인, 환웅은 대륙의 중심에 한국, 배달국을 세웠다. 동아시아로 넘어간 무대륙(Mu大陸)의 살아남은 자들은 인도 / 태국 / 인도네시아 / 대만 / 오키나와 등 남방계에 레무리아 문명을 세웠다.

긴 빙하기 동안 물로 침수된 무의 후예들은 침수되지 않을 높은 고지대나 동굴을 찾아갔고, 그곳에서 새롭게 문명을 시작하였다.

무 문명은 음의 문명으로, 음이 극에 이르자 물로서 멸망하였다. 그래서 이들은 물을 다스리는 종족이 되었다. 고인돌, 남근상, 선돌 등은 무 문명의 흔적이고, 피라미드는 마고의 후예와 조우한 환인·환웅·단군의 건축물이다. 왕과 제사장의 시대에 생겨난 건축물이 바로 피라미드이다.

치우천왕은 유목문화와 농경문화가 함께 어우러져 꽃을 피운 시기의 왕이었다. 유목문화는 남성신이 지배하고, 농경문화는 여성신이 지배하였다.

BC 3000년을 전후로 수많은 문명이 태동하였다. 북방과 남방이 만나고, 양과 음이 만나 새로운 문명이 태동하였다. 마치 남녀가 만나 아이가 탄생하듯 문명과 문명이 만나 새로운 문명을 잉태하였다.

우리 한민족의 역사는 어머니 문명인 마고 문명과 아버지 문명인 환인·환웅 문화가 복합되어 있다. 즉 음양이 조화를 이룬 최초의 문명이자 마지막 문명이다. 태양과 달이 만나고, 남성에너지와 여성에너지가 조우하여 만들어진 음양조화의 문명이었다. 그래서 남성성의 환인·환웅 문명과 여성성의 마고 문명이 한반도의 38선을 기점으로 태극을 이루고 있는 것이다.

북한은 질서, 남한은 자유를 상징하고, 질서는 남성성, 자유는 여성성을 상징한다. 남과 북이 38선으로 나뉜 것은 우연이 아니다. 38선은 힘의 균형라인이다.

우리 한민족은 그 옛날 마고와 환인·환웅의 만남처럼 남과 북이 만나야만 하는 숙명을 가지고 있다. 그래서 통일은 우리 한민족의 가장 큰 역할 중에 하나가 된다.

동과 서는 정신과 물질의 나눔이요, 남과 북은 여성성과 남성성의 나눔이다. 동양은 정신을 담당하고, 서양은 물질을 담당하며, 북쪽은 남성성, 남쪽은 여성성을 나타낸다. 동·서가 서로 통하고 남·북이 이어질 때, 비로소 지구의 십자가가 사방으로 통하는 세상이 펼쳐진다. 이것이 바로 十십승지이다. 물질과 정신이 조화롭고, 여성과 남성이 조화로운 세상이 바로 十십승지이다. 이것을 인체에 상응시키면, 가슴을 중심으로 좌와 우, 위와 아래가 통하는 것을 말한다.

남성은 머리가 발달했고, 여성은 가슴이 발달했다. 남성은 좌뇌적이고, 여성은 우뇌적이다. 그래서 내 안의 여성성과 남성성이 조화를 이뤄야 하고, 좌뇌와 우뇌가 고루 발달해야 논리적인 사고와 더불어 감성적인 사고가 함께 발달한다.

이것은 내 안의 인체가 서로 소통하는 것으로부터 시작되고, 나의 상처를 치유하는 것으로부터 비롯된다. 더 나아가 나와 남이 소통하고 여자와 남자가 소통하고, 남과 북이 소통하고, 서양의 물질과 동양의 정신이 통할 때, 비로소 지구는 가벼워지고 빛이 난다.

환웅이 이야기했던 "빛이 어느 곳이든 통할 수 있게 하라!"는 것이 바로 이와 같은 소통을 이야기하는 것이다.

우리가 역사를 배움에 있어서 우리 민족의 땅이 대륙에 있던, 반도에 있든 간에, 중요한 것은 끊이지 않고 이어져 온 정신의 맥이 있느냐 없느냐이다. 또 이를 통해서 우리가 무엇을 배우고 무엇을 깨닫느냐가 중요하다. 단순히 문화적 우월성을 갖느냐가 아니라 그 속에서 무엇을 발견하느냐이다.

역사를 통해서 과연 무엇을 알고자 하는가?

그것은 바로 나에 대한 정체성으로 귀결이 된다. 수많은 문명이 세워지고 무너지고를 반복하고, 새로운 왕조가 들어서고 망하고, 수많은 권력이 들어서고 나가고, 그 안에서 우리가 왜 서로 싸우고 피를 흘렸는가! 라는 본질적인 질문으로 들어가야 한다.

피로 세운 나라는 피로 망하고, 한은 한을 낳는다. 이제껏 서로를 상처 내고 내 나라의 이익만을 위해서 싸우지 않았는가! 혹은 인종적 우월성에 젖지는 않았는지, 또는 노예근성에 젖지 않았는지 나를 먼저 돌아봐야 한다. 환인·환웅이 이야기했던 그 뜻이 바로 '조화'이다.

인간이 인간답게, 사람이 사람답게 사는 법이 무엇인가를 알고 가야 하지 않을까 한다. 서로 죽고 죽이는 전쟁이 아닌, 서로를 살리는 상생을 이야기했던 그때의 그 가르침을 가정에서 직장에서 사회에서 또 나 자신에게도 적용이 되어야 한다.

내가 바로 설 때, 가정이 바로 서고, 또 나라가 바로 서는 것이다. 나를 바라보지 않고 어찌 나라를 논하며 지구를 논하겠는가? 역사 속에서 수많은 인물들이 보여주었던 그들의 결단과 행동, 잘한 것과 못한 것들을 거울삼아 다시 나를 비추어 보아야 한다. 남이 아니라 나를 보아야 한다.

12 혼백귀신과 삼신(환인, 환웅, 마고)

혼(魂)백(魄)귀(鬼)신(神)

인간은 음양조화 신에 의해서 탄생이 된다. 하늘의 혼(魂)과 땅의 백(魄)이 만나 태극이 돌고, 태극이 돌면 기(氣)가 만들어져 움직이기 시작하고, 기(氣)는 다시 음양으로 나뉜다. 양의 기가 신(神)이요, 음의 기가 귀(鬼)이다. 그래서 귀신(鬼神)은 기(氣)의 움직임이다.

혼(魂)은 하늘 아버지에게서 오고, 백(魄)은 땅의 어머니에게서 온다. 혼(魂)은 태양이고, 백(魄)은 달이다. 감각할 수 있는 형체를 이루는 것이 백(魄)이요, 그 바탕 위에서 운동하고 작용하는 것이 혼(魂)이다. 혼(魂)과 백(魄)이 만나 결혼하면 영혼이 탄생된다.

사람이 죽으면 양의 성질인 혼(魂)은 하늘로 올라가고, 땅의 성질인 백(魄)은 땅으로 돌아간다. 그리고 그 흔적은 귀신(鬼神)으로 지상에서 떠돈다. 백은 3년을 가고, 귀는 4대를 간다.

귀(鬼)는 이원성의 관념에서 나온 음의 흔적으로, 2의 속성을 가지고 있다. 신(神)은 하나로 내리꽂는 양의 통일성으로, 1의 속성을 가지고 있다.

혼백은 우리의 영혼을 이루는 요소이다. 혼(魂)과 백(魄)은 모두 '넋' 혼의 뜻을 가지고 있다. 혼(魂)은 보이지 않는 에너지 속성이고, 백(魄)은 순수한 모양 혹은 틀이라는 에너지적 형태를 말한다. 그래서 백(魄)이라는 에너지적인 모양 혹은 틀 안에 혼(魂)이라는 에너지 속성이 담겨 하나의 영혼 개체가 이루어진다. 다시 말해 혼(魂)은 영혼의 에센스이고, 백(魄)은 영혼을 담는 에너지 틀이다.

혼백이 만나 영혼이 만들어지고, 그 영혼이 태아 속으로 들어가고, 영혼이 태아 속에 잘 안착이 되면 물질 아기는 건강하게 잘 자란다. 백이 제대로 형성되지 않으면 육체적 장애가 발생되고, 혼이 제대로 안착되지 않으면 정신적 장애가 발생한다. 그래서 혼과 백이 육체에 제대로 안착되는 것이 중요하다.

물질지구에서 물질 옷을 입고 경험하고 체험한 뒤 죽음에 이르면 혼과 백은 분리가 된다. 혼(魂)은 하늘로 날아가 칠성님과 하나 되고 백(魄)은 땅으로 돌아가 지구 어머니 품으로 들어간다.

혼이 담겼던 백은 빛의 흔적과 어둠의 흔적이 남는다. 빛의 흔적은 정(精)이고, 어둠의 흔적은 귀(鬼)이다.

백은 둘로 나눠지는데, 알맹이와 껍데기로 나눌 수가 있다. 백(魄)의 알맹이는 정(精)이 되고, 백의 껍데기는 귀(鬼)가 된다. 다시 말해 정은 (+)이고 귀는 (−)이며 정은 양심이고, 귀는 한(恨)이고 착(着)이다.

정(精)은 백의 순수 에센스이고, 귀(鬼)는 정을 둘러쌌던 흔적이자 껍데기이며 정보이다. 정은 따뜻하고, 귀는 차갑다. 정은 본질이고, 귀는 허상이다.

신(神)은 다리가 하나이고 귀(鬼)는 다리가 둘인 이유는 신은 통일성이고 귀는 이원성이며, 신은 정신의 속성이고, 귀는 물질의 속성이기 때문이다.

혼(양-하늘-日)	신神		신령
	(−)	(+)	
백(음-땅-月)	귀鬼(흔적)	정精(순수에센스)	정령

靈은 삼신이며 환인, 환웅, 마고이다

신(神)과 귀(鬼)를 비롯한 모든 움직임의 주체를 영(靈)이라 한다. 영(靈)은 우리 우주의 정보이고 움직이는 주체이며 중앙컴퓨터이다.

靈이라는 한자를 풀이하면, 雨 + 口口口 + 巫로 표현된다. 즉 무巫 위에 삼신이 비처럼 내려와 하강한 모양이다. 巫는 하늘과 땅을 잇는 음과 양의 사람을 무(巫)라 한다.

삼신은 환인, 환웅, 마고이다. 이 셋은 삼각형을 이루고 있다. 환인은 중심점, 환웅은 남성, 마고는 여성이다. 물질을 이루는 기본요소가 환인, 환웅, 마고이다. 환인은 중성자, 환웅은 양성자, 마고는 전자이다. 중성자와 양성자가 원자핵을 이루고, 원자핵과 전자가 만나 원자를 이룬다. 그래서 삼신은 중성자, 양성자, 전자의 속성을 가지고 있는 환인,

환웅, 마고가 된다.

환웅과 마고는 극성을 띄고 있고, 환인은 극성을 띄지 않는 0, 제로포인트인 현자의 돌이다. 중성자, 양성자, 전자는 물질을 이루는 3요소이다. 환인은 노란색, 환웅은 빨간색, 마고는 파란색이다. 이 셋이 삼태극을 이룬다.

치우는 도깨비 정령이자 신들의 주신이다

신(神)이 영(靈)과 만나면 신령이 되고, 정(精)이 영(靈)과 만나면 정령이 된다. 신령은 하늘의 신이고, 정령은 땅의 신이다. 환인은 천지신령이고, 마고는 지구정령이며, 환웅은 정령 옷을 입은 신령으로 지구 운영자이다. 신령과 정령을 움직이는 이가 환웅이다.

치우는 천지신령의 혼이 지구정령의 백이라는 옷을 입은 격이다. 따라서 치우는 도깨비 정령이자 신들의 주신이다. 양의 성질을 가지고 있는 치우는 광명의 검을 쓰기 때문에 차가운 속성의 귀들은 벌벌 떨면서 도망간다. 그래서 치우는 귀를 물리치는 강력한 부적이 된다.

13 이집트의 KaBaRa를 통해서 본 인간의 내세관

이집트의 카(Ka)와 바(Ba)

동양의 혼백개념을 설명할 수 있는 개념으로 이집트의 Ka와 Ba가 있다. 그나마 서양에서 인간의 내세관이 가장 잘 나타나 있는 곳이 바로 이집트이다.

이집트에서 죽은 자의 영혼은 Ka와 Ba로 나뉜다. 서양학자들의 설명에 의하면, Ka는 장소적 의미가 들어있고, Ba에 대한 해석은 정확하게 나와 있지 않다. 단지 사람의 머리를 하고 있는 새가 죽은 뒤 날아가는 것쯤으로 해석해 놓았다.

내가 살펴보았을 때, 이집트의 Ka와 Ba는 우리의 혼백을 설명한 것으로 보인다. Ka는 음의 속성으로, 지상에 머물며 빛에너지를 담는 그릇이고, Ba는 양의 속성으로, 하늘로 날아가는 혼을 새로 상징화하였다.

이집트인들에게 있어 카(Ka)란, 크눔(Khnum)[17]이 빚은 육체의 영적인 복제품으로서 심장에 담겨 있다고 한다. 크눔(Khnum)이 먼저 태아의 육체를 빚고 영혼을 빚어서 심장에 담은 다음, 모태에 넣음으로써 생명이 잉태한다고 믿었다. 따라서 Ka(백)는 Ba(혼)라는 빛의 정수를 담는 그릇이며, 빛의 몸이라고 할 수 있다.

지상에 혼이 머물렀을 당시, 빛의 태(胎)인 Ka를 신성시하였으며 소원을 이루기 위해 신들의 Ka를 지극히 모셨다고 한다. 이것은 우리 조상들이 조상의 묏자리를 중요하게 여기고, 제사를 중요하게 여기는 것과 닮아있다. 즉 죽은 자의 영이 지상세계의 인간들에게 영향을 미친다는 믿음 때문에 생겨난 의식이기도 하다.

빛의 태인 Ka라는 그릇이 있어야 Ba와 결합을 할 수 있다. 즉 Ba라는 에너지를 붙잡아 두는 그릇이 Ka이기 때문이다. Ka와 Ba가 결합되어 '영혼'이 된다. KaBa는 영혼의 핵심이며, 인간의 양심이기도 하다.

여러 벽화에 나와 있는 Ka와 관련된 그림을 보면, 크눔(Khnum)신은 인간을 빚으면서 하나는 인간의 형태를 만들고, 하나는 인간의 Ka를

---

17 이집트 신화에 나오는 우주의 신. 숫양의 머리를 하고 있다.

만든다고 하였다. 여기에서 Ka란 영혼의 몸체이자 순수에너지 틀, 혹은 순수 에너지체인 백(魄)을 이야기한다.

백(魄)이라는 순수 에너지 형태가 만들어지면 혼(魂)이라는 빛 에너지가 이 틀 안으로 들어와 인간의 영혼을 생성한다. 따라서 인간이 죽으면 영혼은 혼과 백 즉 Ba와 Ka로 나뉜다. 혼은 양이므로 위로 뜨고, 백은 음이므로 아래로 가라앉는다. 혼은 전체 영으로 통합 흡수되고, 백은 빛이 머물렀던 흔적이자 태로 지구 원소로 들어간다.

인간 안에 영혼이 들어오듯, Ka라는 순수 태안에 Ba라는 빛의 에센스가 들어와 Ra를 잉태한다. 그래서 KaBaRa라는 빛의 영혼이 된다. KaBaRa는 신이 이 땅에 부활한 모습이다.

(유대인의 카발라에서는 신이 이 땅에 온다면 육체적인 모습으로 온다고 말하며, 이 세상은 신들의 개체적 분신들이 펼치는 파워게임이라고 말한다.)

Ka는 빛의 몸의 흔적이며 정보의 창고이다. 이 흔적이 사라지려면 시간이 필요하다. 그래서 고대인들은 죽은 뒤에 음식물, 의복 등을 비롯한 무덤의 부장품을 넣어두는 것이 바로 카를 위한 것이었다. 이집트인들은 내세의 부활을 위해서 인간은 온전한 모습으로 보존되어야 한다는 믿음을 가지고 있다.

인간이 만들어지는 것은 인간의 육체(Ha)와 육체를 움직이는 에너지 몸인 카(Ka)가 있어야 하고, Ka를 움직이는 바(Ba)가 있어야 하며, Ba의 성질을 나타내는 이름(Ren), 그리고 그림자(Sheut)와 아크(Akh)등으

로 구성된다. 여기에서 아크(Akh)란, 죽을 때 육체를 떠났던 Ba와 Ka
가 만들어진 미라의 육체와 다시 결합된 형태이다. 즉 죽어서 존재하는
영의 형태로, 아크는 지상에 존재하는 영원한 존재가 되어 지상에 영
향을 끼친다. 한마디로 표현하자면 살아있는 귀신(鬼神)이 되는 것이다.
죽은 영혼 중에서 지상에 남아 영향을 끼치는 존재 중에 영급이 높으
면 신이 되고, 영급이 낮으면 귀가 된다.

　위 그림에서 아누비스가 손에 들고 있는 머리 모양의 둥근 십자가가
18 아크의 상징이며, 아크는 부활한 신을 나타낸다. 신의 상징표 같은
것이다. 그런데 여기에서 중요한 것은 Ka안에 Ba가 있어야 신으로서의
부활이 생성된다. 즉 아크가 만들어지는 것이다.
　Ba는 신의 숨결이며 영혼의 에센스이다. 이 Ba가 없이 미라로 만들

18　이집트 신화에서 망자를 미라의 형태로 만들어 사후세계로 인도하는 신으로서, 자칼의
　　머리를 하고 있다.

어진 육체 주변에 Ka만 있을 경우, Ba라는 양의 기운이 머물지 않으면 귀(鬼)들이 이곳으로 들어와 점령하게 된다. 그래서 주문을 이용하여 보호에너지를 걸어두는 것이다.

사람이 죽은 뒤 육체는 소멸되지만 육체의 흔적이 담겨있는 백은 몇 년을 간다. 육체를 담았던 에너지 그릇을 Ka라고 하고, 육체와 Ka가 분리되었을 때 Ba(혼)가 빠지면서 죽는다. 혼이 빠진 Ka는 에너지 정보 체로, 살아생전의 정보 흔적이 남겨져 있다. 이 Ka가 귀신처럼 보이는 것이다.

앞에서 백은 3년을 가고, 귀는 4대를 간다고 했다. 귀는 지상에 대한 한(恨)이며 착(着)이기 때문에 윤회와 환생을 하지 못하고, 남의 몸에 기생하여 그 맥을 이어가려 한다. 그래서 우리 조상들은 4대까지 제사를 지낸다. 귀는 자신의 못다 이룬 지상의 목적을 이어 가려 하기 때문에 자손의 몸을 숙주 삼아 그 뜻을 이루려고 하는 속성이 있다. 원한이 풀려야 비로소 떠나고, 깨달음이 차야 변하게 된다.

이집트인들이 미라를 만드는 이유는 왕이나 귀한 신분의 기운 줄을 끌어당겨 영계의 질서를 장악하기 위함이다. 또한, 아누비스 신이 망자의 심장을 저울에 달아 깃털만큼 가벼워야 저승에 갈 수 있다는 이야기는 살아생전 귀와 사념체의 껍데기를 만들지 말고 양심에 따라 살라는 메시지이기도 하다.

지금까지 살펴본 혼백귀신 그리고 Ka와 Ba을 이야기한 것은 물질만이 전부인 세상을 사는 우리들에게 보이는 것만이 전부는 아니란 것을 이야기하고 싶은 것이다. 고대인들은 삶과 죽음을 하나로 보았다. 삶속에 죽음이, 죽음 속에 삶이 들어있는 것을 보면, 우리가 지금 살고 있는 이 세상은 반쪽 세상인 셈이다.

14 신(神)의 시대, 신(神)의 전쟁

가해자와 피해자 그리고 결과론적 사고관

우리 민족은 삶과 죽음이 결코 분리되지 않는 하나임을 알았으며, 인간의 내세관에 대해서도 그 어느 나라보다도 잘 이해하고 있는 민족이기도 하다. 서양의 물질문명은 '인간은 죽으면 끝'이라는 물질적 사고관이 주를 이룬다. 그렇기 때문에 인간의 내세 혹은 영적인 부분을 좀처럼 감을 잡기도 힘들뿐더러 이해하기도 힘들다. 그나마 기독교에서는 윤회의 개념마저도 없애고, 천국이라는 단 한 번의 도박적인 개념을 만들어 놓았다.

삶과 죽음은 계절처럼 돌고 도는 것이며, 인생이란 깨달음의 장치이다. 그러나 현대의 문명은 삶과 죽음을 분리하였고, 보이는 것만 믿으라 하면서 결과론적인 사고관이 인간 의식을 지배하도록 만들었다.

결과론적인 사고관은 보이는 것으로 모든 것을 판단하며 결과가 어떻게 이루어졌느냐에 모든 초점이 맞추어져 있다. 이는 곧 물질지구에서 가해자와 피해자가 뒤바뀌는 상황이 펼쳐지도록 만들었다.

현 시스템에서 가해자와 피해자의 관계설정을 할 때에 먼저 액션을 취한 사람은 가해자가 되고, 당한 사람은 피해자가 된다. 결과 중심적이기 때문에 보이지 않는 상황을 연출한 자는 피해자가 되고, 그런 상황에 걸려들어 물질적인 행동을 취한 자는 가해자가 된다.

예를 들어 학교에서 A가 B를 때렸다. 그러면 선생님은 어떻게 판결을 낼 것인가?

물질시스템에서 보았을 때, A는 가해자가 되고, B는 피해자가 된다. 결과론적 사고방식에서는 A를 처벌한다. 그러나 상황을 다시 돌려보면, B가 A의 약을 올리고 거짓말을 해서 A의 심기가 점점 불편해지다가 참다 참다 B를 때렸다. 공정한 선생님이라면 먼저 상황을 연출한 B 또한, 함께 처벌을 내릴 것이나 그 과정을 보지 못한 선생님은 A를 처벌할 것이다. 물질시스템에서는 가해자와 피해자의 진위 여부는 액션을 취했느냐 취하지 않았느냐에 달려있다.

언어에서도 서양은 결과론적인 사고관이 나타난다. 언어의 어순을 보면, (나는 했다. 무엇을) 즉 (주어+동사+목적어)순으로 이야기하고, 우리의 언어는 나는 무엇을 했다. (주어+목적어+동사)어순이다. 우리의 언어는 과정이 어찌어찌 해서 결과가 어떻게 나왔다고 하는 과정 중심적인 언어체계이다. 우리의 언어는 끝까지 들어야 결과를 알 수 있는 구조이다. 그만큼 듣는 귀가 열려있어야 한다. 반면에 서양의 언어는 결과를 먼저 말하고 뒤에 상황을 이야기하는 결과 중심적인 언어체계로, 결과를 보고 상황을 유추해 들어가기 때문에 눈으로 보는 증거를 중요하게 여긴다.

고대 수메르도 우리의 언어구조처럼 주어+목적어+동사 순이다. 바벨탑 사건 이후 인간의 언어가 교란되었다고 하는데, 이는 과정중심에서 물질중심의 결과론적 사고관으로 넘어갔음을 이야기한다.

바벨탑과 신(神)의 전쟁

가해자와 피해자의 관계성에서 실질적인 가해자와 피해자가 뒤바뀌게 되는 인류의 사건이 있었다. 이것은 위에 잠깐 언급했듯이, 바벨탑 사건과 연관이 있다. 영적인 에너지 막이 차단됨으로 인해 인류는 의사소통에 어려움을 겪게 되었으며, 인류는 기억을 지우고 레테의 망각의 샘물을 마시게 된다.

환웅의 말기 무렵부터 영의 문이 서서히 닫히기 시작했고, 물질시스템이 작동하기 시작했다. 이는 창조주의 커다란 계획이기도 하다. 환웅시대를 끝으로 이승과 저승으로 나뉘게 되었으며, 지구는 본격적인 카르마에 돌입하게 된다.

영계차원과 현실차원은 마치 동전의 앞·뒷면처럼 동시에 존재하나 서로를 볼 수 없는 구조적인 막이 생기게 된다. 지구를 보호하고 있던 천공의 보호막이 파괴되면서 지구는 급격한 기후변화와 더불어 대홍수가 일어나게 된다. 이는 찬란했던 신(神)의 시대를 마치고, 인간의 시대가 열렸음을 뜻한다.

단군시대부터는 본격적인 물질시스템이 출발하였다. 단군시대부터 지금까지 5000년의 지구적 드라마가 펼쳐지게 되었으며, 지금은 그 클라이맥스에 다다랐다.

환인, 환웅의 시대는 신神의 시대였으며, 치우천왕 시대는 신神의 전쟁시대였다. 수많은 신화와 전설들이 이때의 기억들이다. 치우천왕은 지구로 들어온 외계의식 세력과의 전쟁을 벌였으며, 소통을 막고 음지로 숨어든 세력으로 인해 지구의 빛이 꺼지고 분리되는 것을 막으려 하였다.

환웅 때부터 조금씩 지구에 본격적인 우주 카르마가 들어오게 되면서 본격적인 신들의 전쟁에 서막이 올랐다. 신들의 전쟁에서 가장 유명했던 이가 바로 치우천왕이었다. 번개 같은 속도로 막힌 곳을 뚫는 치우천왕은 동에 번쩍, 서에 번쩍, 마차를 타고 붉은 깃발 휘날리며 귀와 마가 이 지구상에 발을 붙이지 못하도록 만드는 지구의 보호자이자 아버지였다.

붉은 깃발 휘날리며 마차를 타고 막힌 곳을 뚫는 치우천왕의 모습은 마치 산타클로스의 모습과 흡사하다. 루돌프 사슴이 끄는 마차를 타고 세계 곳곳을 누비며, 빨간 옷에 빨간 코, 그리고 막힌 굴뚝을 뚫고 집으로 들어와 착한 아이들에게 선물을 주는 산타클로스의 모습이나 정령계의 도깨비 모습은 모두 치우천왕을 친근하게 표현한 상징들이다.

신과 인간이 함께 공존하고 여신과 남신이 조화로웠던 환웅시대를 끝으로 카르마가 장착된 물질시스템이 가동되면서 우주의 카르마는 인간 속으로 스며들게 되었다. 카르마는 에너지 불균형을 초래했고, 더불어 거대한 우주계획이 이 지구에서 시작되었다. 산과 들이 바뀌고 이동이 시작되었으며, 기후가 바뀌기 시작했고 지구가 재배치되기 시작했다. 신들은 인간과 더불어 물질인간 몸속으로 들어갔다. 윤회의 수레바퀴 속으로… 이때부터 우주의 전쟁은 곧 지구의 전쟁이 되었으며, 신들의 전쟁은 인간의 전쟁이 되었다.

15 물고기와 양의 상징 그리고 환부(鰥夫)

음은 바다, 양은 태양

음양을 나타낼 때 음은 어둠이며 양은 밝음이다. 음은 파란색을, 양은 붉은색을 나타내며, 음은 차갑고 양은 뜨겁다고 표현한다. 음은 어둡고 차며 파란색의 바다를 닮았다. 그래서 바다는 음의 전형적인 상징이다. 바다는 달에 영향을 받기 때문에 달도 음의 상징이다.

양은 붉고 뜨거우며 밝음을 나타내는 태양의 상징을 가지고 있다. 태양으로부터 날아오는 새는 양의 상징이요, 바다로부터 건너오는 물고기는 음의 상징이다.

(여성에너지가 포근하고 따뜻할 것이라는 인간적 관념이 있는데, 극 여성성은 차갑고 냉정하며 극 예민하다. 남성성의 뜨거운 양의 기운이 합해졌을 때 비로소 차가움이 녹아 따뜻함으로 바뀌고 어머니의 포근함, 따뜻이 형성되는 것이다.)

하늘을 나는 새와 바다를 헤엄치는 물고기, 그리고 하늘과 땅의 중간에 땅을 누비는 동물이 있다. 이들은 하늘 아버지와 바다 어머니의 자식이며, 지구를 다스리는 왕이 된다. 그래서 두 뿔을 가진 동물들은 강한 남성성으로 상징된다. 고대로부터 새와 물고기 그리고 소나 양은 중요 상징 모티브가 되어왔다.

부도지에는 다음과 같이 물고기와 양을 이야기한다.

산악의 제족은 사슴과 양을 바치고, 해양 제족은 물고기와 조개를 바쳐 송축하기를 [고기와 양을 희생으로 조제에 공진하니, 오미의 피를 신선하게 하여, 창생의 재앙을 그치게 하네]하였다. 이를 가리켜 조선제(朝鮮祭)라 하였다.

물고기의 상징

물고기는 바다라는 음의 성질을 품고 있는 상징체이고, 새는 하늘로부터 내려왔으니 양의 성질을 품고 있는 상징체이다.

바다라는 뜻을 먼저 살펴보면 바다 해(海)의 한자는 뜻을 상징하는 水자에 음을 상징하는 每(매→해는 변음)가 합해진 문자이다.

海 = 水 + 每

두 개를 합하면 '水每(수매)'라고 하는데, 바다라는 뜻을 라틴어로는 (mare)마레, 프랑스어로는 (mar)메르라고 한다. 그렇다면 '수메르'라는 문자는 '수매'에서 파생된 문자가 아닐까? 수메르 언어를 보면 길을 '기르', 굴을 '구르'라고 한다. 그렇듯 수메르의 '메르'는 바다라는 뜻이 된다. 즉 바다에서 건너온 마고족이 처음 정착한 곳이 바로 수메르이다.

바다 해(海) 한자 모양을 살펴보면, 어미(母)가 사람(人)과 물(水)아래로 갇힌 형국이다. 이는 마치 무대륙(Mu大陸)이 바다 아래로 침몰된 형상 같다. 음의 기운을 삼켜버린 것이 바다 해(海)자이다.

수메르 문명도 북방과 남방의 문화가 혼합되어 있다. 기원전 5000~6000년 전, 우바이드기에 수메르 지역에 무대륙(Mu大陸)의 마고족이 정착한 것으로 유추된다. 이 시기에 운하, 제방, 저수지 등에 관련된 단어가 많이 발견되는 것을 보면, 물을 다스리는 마고족이 먼저 이곳에 정착했고, 기원전 3500년경부터 농경기술과 철기문화를 가지고 있던 환웅문명이 들어와 융합되면서 수메르에 문명의 꽃을 피우게 되었다.

수메르 문명은 물에서 기원된 문명으로, 바다와 연관이 있다. 또한, 천지창조와 대홍수에 대한 기억들을 가지고 있다.

1920년경 영국 고고학자 레널드 울리경[19]이 발굴한 푸아비 여왕의 순장묘에서 발견된 물품 중 물고기와 사슴모양의 장식품들이 있었다.

---

19 1920년대 레너드 울리경(Charles Leonard Woolley : 1880~1960, 영국 고고학자)은 수메르 문명의 우르 유적들을 발견하여 발굴하였다. 울리경은 BC 2700년경 우르 여왕의 순장묘를 발굴해냈는데 이 과정을 〈우르 발굴보고서 UrExcavations〉라는 책으로 출간했다. 그 밖의 저서로는 〈수메르인 The Sumerians〉(1928) 〈칼데아의 우르 Ur of the Chaldees〉(1929) 〈과거의 발굴 Digging up the Past〉(1930) 등이 있다.

물고기를 상징으로 삼았던 또 다른 예로는 예수 시절, 초기 기독교에서 물고기 상징을 써왔다.

'익투스(IXΘYΣ)'라는 물고기는 로마의 박해를 피해 지하로 들어간 초기 기독교인들의 암호이자 상징이었다. 『성배와 잃어버린 장미』의 저자 마가렛 스타버드는 막달라 마리아를 인어공주에 비유하였다. 인어공주는 물속에 사는 반인반수이다.

양과 소의 뿔

물고기가 바다 또는 여성과 관련된 상징이라면, 양이나 소는 북방 유목민족의 상징이다. 두 뿔은 튀어나온 양각처럼 남성의 성기를 상징하고 있다.

羊 양 양(羊)자를 보면 위에 뿔이 그려져 있는 모습이다.

뿔은 왕을 상징한다. 구약성경에 보면 "기름을 부어 세워주신 왕의 뿔을 높이 들어주실 것"이라는 구절이 나온다. 뿔은 강력한 남성성과 질서를 상징하며, 그 대표되는 인물이 바로 '치우천왕'이다.

치우천왕 시절, 금세공과 철기가 발달됨으로 인해 각종 철기제품들(농기구부터 무기까지)이 탄생되었다. 철기문화는 강력한 왕권과 확장을 상징하며, 치우천왕은 두 뿔이 달린 왕관을 쓴 최초의 인물이었다.

황소나 염소의 숭배의식은 고대 그리스와 이집트 그리고 페니키아를 중심으로 한 팔레스타인 등지에 나타난다. 황소상징으로는 크레타 섬의 미노타우로스(반인반우), 이집트의 암몬신(숫양) 그리고 프리메이슨의 바포메(염소머리) 등이 있다. 이 상징들의 공통점은 남성성을 상징하는 두 개의 뿔이다.

 삼족오를 상징하는 환인은 새 깃털을 머리에 꽂았고, 환웅 시절에는 금으로 만든 뿔관(동두철액)을 썼다. 금으로 만든 뿔관에서 왕관이 나오게 된다. 두 뿔이 훗날에는 출(出)자형 왕관으로 변화된다.

단군 때는 물고기와 양의 상징을 모두 포괄하게 된다. 마고와 환웅이 혼합된 문명을 잇는 계보이기 때문이다. 그래서 단군조선의 선(鮮)자는 물고기와 양을 함께 썼다. 음양이 조화로울 때 비로소 '곱다.'라는 표현으로 고울 선(鮮) 자를 쓴다.

魚(물고기) + 羊(양) = 鮮(고울 선)
朝鮮(조선, 발음은 '쥬신'이다)

아래는 [성배와 잃어버린 장미]에 나온 글을 발췌했다.

신석기 시대에는 남성과 여성이 권력다툼을 벌이지 않았던 황금시대
가 있었다고 한다. 대신 서로의 선물을 받고 감사하는 동반의식을 통
해 관계를 유지해 갔다. 오늘날 신석기 문명 지역에서 발견되는 예술
품으로부터 인자하고 관대한 어머니 여신을 숭배한 문명을 재현해 볼
수 있다.
고고학적 발견을 통해 여성의 선물이 숭배된 사회가 드러나고 있는데
그 사회에서는 칼날이 위협용이 아니라 땅을 가는데 쓰였고 생명은
신성한 것으로 여겼으며 예술과 기술이 번성하고 창의력은 찬양의 대
상이었다. 멀린 스톤과 마리야 짐부타스 그리고 리안 아이슬러는 이
러한 고대의 모계문화와 사회에 관해 체계적으로 연구했다. 최근에
발견된 사실에 따르면 기원전 7000~3500년경 구석기와 신석기에 존
재했던 수많은 사당에서 문자 V는 어머니 여신과 깊은 연관이 있다.
〈성배와 잃어버린 장미 중에서〉

물고기 상징의 환부는 오안네스

환부(鰥夫)는 환웅의 법을 전하는 신의 대리자이다. 부도지에 보면
아래와 같이 환부에 대하여 나와 있다.

한웅씨(桓雄氏)는 무여 율법4조(無餘律法四條)를 제정하여, 환부(鰥夫)
로 하여금 조절(調節)하게 하였다. 〈부도지〉

여기에서 환부(鰥夫)란 환웅의 법을 전하는 역할자로, 지구 곳곳에 학문과 지식 그리고 기술 등을 전달하는 신의 전령이라고 할 수 있다.

환웅시대가 지나고 단군의 시대가 열렸을 때, 이들 환부들은 지구 곳곳에 퍼져 문명을 전달하는 역할을 맡아왔다. 그만큼 일이 많아서 일까? 환부(鰥夫)란 한자를 보면, 홀아비 '환(鰥)'자에 지아비 '부(夫)'자이다. 환(鰥)자는 '홀아비' 혹은 '근심하여 잠을 이루지 못하는' 뜻을 나타내고, 부(夫)자는 아비 혹은 일꾼을 나타낸다.

• 환부(鰥夫)

환부는 세계 곳곳 바다 건너까지 문명을 전달하면서 바삐 움직였기에 홀로일 수밖에 없는 숙명을 가지고 있는 역할자다. 지금으로 치면, 불교의 스님 또는 가톨릭의 신부와 같다. 신의 대리자 혹은 정신을 전달하는 사람들은 결혼을 하지 않는 독신이었다.

환(鰥)자에도 물고기 모양이 들어갔는데, 수메르의 물고기 인간 '오안네스[20]'와 비슷하다.

환부들은 각 지역으로 퍼져 문명을 전달하고 신전을 세웠으며, 각 지역을 다스리고 관리하였다. 이러한 환부들의 역할 전승이 가톨릭에 나타나 있다.

가톨릭 교황이 쓰는 관은 물고기 모양을 닮은 관을 쓰고 있으며, 페

---

20 고대 바빌로니아 바다에 살고 있다고 여겨지는 물고기 인간.

스카토리오(Piscatoris)라는 어부 반지를 끼고 독신이다. 이는 교황이 고대 환부의 상징들을 빌려 왔음을 보여준다.

고대 환부가 환인, 환웅의 뜻을 전하는 사자였듯이, 오늘날의 교회는 세계 곳곳에 그들의 하나님을 전파하려 하였는데, 고대 환부의 역할과 유사점이 발견된다. 고대에 쓰던 권사, 집사라는 호칭도 이로부터 유래했다.

부도지에 보면 순 임금은 환부의 역할이었음을 알 수 있다.

순(舜)의 아버지 유호씨(有戶氏)는 단군왕검(壬儉氏)의 명을 받고 환부(鰥夫) 권사(權士) 등 100여인을 인솔하고 요(堯)임금을 깨우치러 갔다. 이에 요 임금이 명령에 복종하고 공순하게 대접하여 하빈(河濱. 황하 물가)에 살게 하였다. 이때 요임금은 순의 사람됨을 보고 다른 뜻이 있어 일을 맡기고 도와주며 두 딸로 유혹하니 순이 곧 미혹하여 졌다. 순이 일찍이 부도(符都)의 법(法)을 행하는 환부(鰥夫)가 되어 이에 절도가 없게 되어 요에게 미혹 당하여 두 딸을 몰래 취하고 요에 붙어 협조하였다.

마지막으로 정리하면, 물고기 상징은 문명의 전달자 혹은 신의 대리자를 상징하며, 제사장 성격이 강하다. 염소나 소의 뿔은 강한 남성성으로 왕을 상징한다.

Chapter 02

민족 대이동의 서사시

문명의 시작점과 끝점을 연결하는 연결점에 한민족과 유대인이 있었다.
한민족은 감추어진 민족이요, 유대인은 방랑하는 민족이었다.
한민족은 정신, 유대인은 물질의 역할을 띄고 있다.
한민족과 유대인은 한(恨)의 집결체요, 아리랑의 주체이다.

01 빨간 모자와 민족대이동의 사명
(chosen과 朝鮮)

치우의 두 뿔과 바알의 두 뿔

앞선 글에서 뿔은 남성성으로 왕의 상징이고, 물고기는 여성성으로 제사장의 상징임을 이야기했다. 치우천왕은 동으로 만든 두 뿔과 금속으로 만든 철, 무기 그리고 붉은색의 상징을 가지고 있다. 또한, 강력한 질서와 남성성을 가진 전쟁의 신으로, 세계 곳곳에 같은 인물, 다른 이름 등으로 알려져 있다. 치우천왕은 신과 인간의 아버지이며 신들의 주신이었고, [도깨비이다], [황소이다], [귀신 쫓는 부적이다]라는 숱한 소문 속의 인물이었다.

치우처럼 두 뿔을 가지고 있는 인물로는 가나안의 바알신이 있었다. 가나안 지방은 젖과 꿀이 흐르는 땅이었다.

바알신은 중동의 토착신으로, 농경과 풍요의 신이다. 바알은 '주인'이라는 보통명사이며, 힘 있는 신, 황소, 신과 인간의 아버지, 해의 아버지, 거룩한 신, 자비로운 신, 가장 슬기로운 신이라는 칭호를 가지고 있다. 우가릿(Ugarit)[21] 만신전의 '엘(el)'신의 아들이라는 이야기도 있다. 그 밖에 바알은 구름을 타고 다니는 신, 땅의 왕자, 힘센 신, 주권자 등 여러 별명이 붙어 있었고, 풍요의 원천이며 비와 폭풍우를 주관하는 신이었다. 또한, 그의 목소리는 뇌성 같았다고 한다.

그는 오른손에 망치를 치켜들고, 왼손에는 창살 모양을 하고 길게 생긴 번개를 들고 일어서 있는 모습으로 표현되었다. 이 모습은 마치 제우스 혹은 치우를 보는 듯하다. 바알신은 아래 그림과 같이 황소의 모습을 하고 있다. 두 뿔이 영락없는 치우천왕을 닮아있다.

(좌)가나안의 바알신과 (우)치우천왕의 동두철액

성경에서 야훼를 제외한 이방신은 모두 하나같이 소머리, 염소머리 등 치우형상을 한 신들이기도 하다. 그만큼 치우는 세계 곳곳에 이름을 날렸던 존재였으며, 기독교는 치우를 악마 혹은 사탄이자 적그리스도로 여기는 듯하다.

---

21 지중해 연안에 있는 페니키아의 도시 유적

빨간 모자와 늑대 이야기

대홍수가 끝나고 환웅이 문명을 전파할 무렵, 외계 존재들은 수메르 지역으로 조금씩 바이러스처럼 들어오기 시작한다. 수메르는 마고의 후예들이 정착한 지역으로, 농경이 발전해 있었으며, 아버지의 질서보다 어머니의 자유가 있는, 젖과 꿀이 흐르는 풍요로운 지역이었다. 말벌이 꿀벌 집을 찾아오듯, 외계 존재들은 지구여신이 있던 수메르 지역으로 들어오기 시작했다.

환웅시대 말기 무렵부터 12제국에 분열이 생겼고, 이틈을 타 외계 존재는 여러 제국사이에 부정적 의식의 바이러스를 퍼뜨리기 시작했다. 몇몇 제국들이 외계 존재에 의해 의식점령을 당하자 환웅은 이미 퍼진 암 덩이를 제거하듯, 오염된 지역의 그리드망을 잘라내게 된다. 그것은 스스로를 보호하는 길이었다. 그리드망을 잘라내면서 점점 동진(東進)하게 되었고, 결국 치우천왕 때에 이르러 도읍을 청구로 옮기게 된다.

12제국 중 3개의 제국을 떼어내고, 치우천왕 때에 9제국을 통합하였다. 이때쯤 외계 존재는 서서히 물질적 관념을 주입하기 시작했고, 신전 위에 '가짜신'으로 등장을 하면서 점차 의식을 지배해 나가기 시작했다. 이는 마치 『빨간 모자』[22]동화와 유사한데 줄거리는 아래와 같다.

---

22 프랑스의 동화작가 샤를 페로가 1697년에 발표한 동화집 ≪옛날 이야기(Histoires ou Contes du Temps Passé)≫에 수록된 작품이다.

빨간 모자를 쓴 소녀가 어머니의 심부름으로 편찮으신 할머니에게 찾아가는데 늑대가 이를 알고 할머니를 잡아먹고 할머니 행세를 하고 있다가 찾아온 빨간 모자 소녀도 잡아먹는다. 이때 지나가던 사냥꾼이 이상한 낌새를 느끼고 늑대를 총으로 쏘자 빨간 모자 소녀와 할머니가 다시 살아난다는 이야기이다.

이 빨간 모자 동화 이야기는 수메르에 외계 존재가 들어와 의식을 점령해가는 이야기의 상징이 들어있다. 마치 신전 안에 주신(主神)을 바꾸고 텍스트를 왜곡하여 외계신이 그 자리에 앉아있는 형국이 되었다. 즉 집은 그대로인데 집주인이 바뀐 셈이다. 그런데 문제는 집주인이 어떤 목적이냐에 따라서 집에서 쫓겨날 수도 있고 노예로 살 수도 있으며 집주인을 잘 만나면 풍요롭게 잘 살 수도 있다.

역사는 집주인이 바뀌면서 그에 따라 영향을 받아왔다. 즉 본래 집주인이 아닌 자가 앉으면 계속해서 불화가 생기고 불안정해질 수밖에 없다. 그래서 물건은 원래 제자리에 있어야 하고, 별들은 질서 속에 운행해야 한다. 각자 자신의 위치에서 자기의 역할을 할 때, 비로소 빛이 나고 태극이 돌며 기후가 안정되고 삶이 풍요로워진다.

가짜와 진짜는 내면의 본성이 열릴 때 비로소 알아볼 수가 있다.
관념이라는 막은 진실도 거짓이라 믿게 만들고, 거짓도 진실이라 믿게 만든다. 수메르에 외계 존재들이 침투해 들어오면서 문명은 분리와 전쟁으로 들어갔고, 민족은 이동을 시작하면서 새롭게 재배치되는 상황으로 빠져들었다.

이동의 역사 – 아브라함은 서쪽, 단군은 동쪽

수메르 등 고대 근동지역은 환웅신전과 더불어 단군신전이 광범위하게 퍼져 있었다. 몇몇 제국들이 외계 존재에 의해 점령을 당하게 되었고, 더불어 기후가 변하기 시작하면서 본격적인 이주가 시작되었다. 기운의 불안정은 기후의 불안정을 낳는다. 이때 당시에 아브라함은 서쪽, 단군은 동쪽으로 이동하게 된다.

수메르부터 점령당하기 시작했고, 이때부터 외계 존재들의 카르마가 본격적으로 지구에서 펼쳐지기 시작했다. 즉 외계 영혼이 지구 육체에 입식되기 시작한 것이며, 외계 존재와 지구 여인간의 교배가 이루어졌다. 성경에는 아래와 같은 흔적이 남아있다.

> 사람이 땅 위에 번성하기 시작할 때에 그들에게서 딸들이 나니. 하나님의 아들들이 사람의 딸들의 아름다움을 보고 자기들의 좋아하는 모든 자로 아내를 삼는지라.
> 여호와께서 가라사대 나의 신이 영원히 사람과 함께 하지 아니하리니, 이는 그들의 날은 일백 이십 년이 되리라 하시니라.
> 당시에 땅에 네피림이 있었고 그 후에도 하나님의 아들들이 사람의 딸들을 취하여 자식을 낳았으니 그들이 용사라 고대에 유명한 사람이었더라. 〈창세기 6장 1절~4절〉

수메르 이후 고대 근동은 신만 바뀌었을 뿐 과거 풍습들이 남아 있었고, 우리 한민족과 유사한 제사풍습 등도 남아 있었다. 또 농경중심

사회였으므로, 당연히 자연신인 풍요와 다산의 신을 경배하는 것이 자연스러운 현상이었다. 따라서 고대 근동지방에서도 치우의 흔적은 곳곳에서 찾아볼 수가 있었다.

물질문명이 시작되고 영의 세계와 물질 세계가 굳어짐에 따라 동쪽으로 이동하여 정착한 단군은 정신문명의 맥을 이어가고 있었고, 서쪽으로 이동한 아브라함은 물질문명 속으로 들어갔다. 즉 여기에 중요핵심코드가 들어있다. 이는 바로 Chosen People(선택받은 민족)과 朝鮮(쥬신제국)으로의 갈라짐을 뜻한다.(chosen과 朝鮮은 발음이 유사하다.) 단군과 아브라함은 각자의 사명을 위해 길을 떠났는데, 이는 다시 프리메이슨과 프리메인슨[23]으로 나누어진다.

아브라함은 프리메이슨(Freemason)으로 이어지고, 단군은 프리메인슨(Free main son)이며, 이는 다시 프리메이슨(Freemason)안에 프리메인슨(Free main son)이 숨겨 있음을 말한다. 프리메인슨의 역할은 예언을 실현하는 그룹으로, 영적인 그룹이다. 프리메인슨이 중심핵이며, 프리메이슨은 껍데기와 같은 코어의 보호막[24]이다. 즉 어둠 안에 빛이 들어 있는 형국이며, 육체와 혼의 관계와 비슷하다.

다시 본론으로 돌아가 수메르와 지중해 지역은 환부들이 제사장의

---

23   프리메이슨 안에 숨겨진 진짜 프리메이슨이라는 뜻으로, 물질적 프리메이슨이 아닌 영적인 프리메이슨으로 필자가 만든 단어이다.

24   어떤 것의 핵심적이고 중심적인 부분을 일컫는 말.

역할을 받아 신전을 관리하고 문명을 전파하고 있었다. 따라서 환부들은 신의 대리자로서 각 지역의 부족장 역할을 맡게 되었다. 앞선 내용에서 환부였던 순임금의 이야기에서 보듯이, 각 지역의 환부들이 신으로서 추앙을 받기도 했고, 중앙에서 떨어져 나가 자신만의 세력을 구축해 나가기도 했다. 그래서 이때에는 환부를 단군으로 알기도 하는 등 여러 신들이 한데 뒤섞여 버리게 되었다. 그중에서 고대 근동지역에 광범위하게 퍼져있던 다곤신에 대해 알아보고자 한다.

단군 또는 다곤

환웅과 마고 문명을 이어받은 단군朝鮮은 태극을 품은 정통 장자의 나라였다. 단군은 신과 인간을 이어주는 제정일치시대의 제사장이자 우두머리였다.

환웅시대에 동쪽으로의 이동이 있었어도, 세계 곳곳에는 환웅시대에 대한 흔적들은 남아있었다. 환부들은 여전히 지역의 군주로 남아있었기 때문에 곳곳에 단군신전들이 퍼져 있었다.

BC 23~24세기경, 아시리아에서 숭배되었던 다곤신이 있었다. 다곤은 단군과 비슷한 발음으로, 단군이 다곤이라는 추론이 있다. 또한, 다곤은 우리의 단군과 유사점이 많았다. 다곤신은 다산, 풍요, 농경의 신으로 물고기 상징을 가지고 있었으며, 다곤 신전이 따로 있어서 이곳에서 제사를 지냈다. 다곤은 메소포타미아, 앗수르, 베니게 지역 등지에서 널리 숭배되어온 우상이었으며, 곡식의 풍작을 위해 숭배한 것으로 보인다.

　신화로 전해오는 다곤의 용모는 수염을 덥수룩하게 길게 기른 얼굴
과 머리에는 물고기 입 모양의 삼중관을 썼으며, 상반신은 사람, 하반
신은 물고기인 인어의 모습이었다. 또한, 손에는 삼지창을 들고 있었다.

　다곤신은 초기 청동기 에블라(Ebla)[25]에서부터 후기 청동기 우가릿
(Ugarit)[26]과 초기 철기시대의 팔레스틴과 로마시대의 가자(Gaza)에 이
르기까지 고대 근동에 널리 알려졌던 신이었다. 이는 고대 수메르에 퍼
져있던 환웅과 단군의 흔적에서 기원했음을 알 수 있다.

　성경에 보면 다곤 즉 단군에 관한 이야기가 나오는데 아래와 같다.

　블레셋 사람들이 하나님의 궤를 빼앗아 가지고 에벤에셀에서부터 아
　스돗에 이르니라. 블레셋 사람들이 하나님의 궤를 가지고 다곤의 신
　전에 들어가서 다곤 곁에 두었더니, 아스돗 사람들이 이튿날 일찍이
　일어나 본즉, 다곤이 여호와의 궤 앞에서 엎드러져 그 얼굴이 땅에
　닿았는지라. 그들이 다곤을 일으켜 다시 그 자리에 세웠더니, 그 이튿
　날 아침에 그들이 일찍이 일어나 본즉, 다곤이 여호와의 궤 앞에서 또
　다시 엎드러져 얼굴이 땅에 닿았고, 그 머리와 두 손목은 끊어져 문
　지방에 있고 다곤의 몸뚱이만 남았더라. 그러므로 다곤의 제사장들

25　BC 2700년경부터 BC 2240년까지 시리아의 알레포 남서쪽 53Km 지점에 있었던 고대 도
　　시국가
26　시리아의 라타키아 북방 약 11km의 지중해 연안에 있는 페니키아의 도시 유적

이나 다곤의 신전에 들어가는 자는 오늘까지 아스돗에 있는 다곤의
문지방을 밟지 아니하더라. 〈사무엘상 5장〉

위 문장 중 "다곤의 신전에 들어가는 자는 오늘까지 아스돗에 있는
다곤의 문지방을 밟지 아니하더라"는 우리나라의 터부 신앙 중에 '문지
방을 밟지 말라'는 말이 있는데 이것과 연관이 있는 것 같다.

성경에 나오는 블레셋인들은 기원전 13세기경, 지중해 크레타 섬 출
신인 필리스티아인이다. 이들은 에게해(Aegean Sea)에서 팔레스타인으
로 침입해온 종족이다.

그들이 모시는 다곤 신전은 제사를 지내고 엎드려 절하는 것이 우리
와 유사하고, 문지방을 밟지 않는 풍습이 있었다. 또한, 삼손27이 붙잡
혔을 때도 벌로 곡식을 찧는 맷돌을 돌리게 하였으며, 활을 잘 쏘는 민
족이었다고 한다.

---

27 구약성서에 나오는 이스라엘의 전설적 영웅으로, BC 11세기경 괴력을 지니고 태어났으며
20년간 이스라엘을 지배하였으나, 블레셋 여인인 데릴라의 꼬임에 빠져 머리를 잘리고 힘
을 잃게 된다.

02 혼례의식과 신성한 결합

여신과 남신의 혼례의식

환인과 환웅시대는 여신과 남신이 조화로운 시대였으며, 하늘이 지상에 내려온 신들의 세상이었다. 모든 만물들은 여신과 남신의 사랑 속에 풍요로워졌으며, 하늘과 땅이 조화롭던 시절이었다. 시간이 흘러 지구에 새로운 임무가 부여된 뒤, 이승과 저승을 가르는 어둠의 장막이 깔리기 시작했다. 이 또한, 하늘의 뜻이었으니 기체가 고체가 되듯, 정신은 물질화되기 시작했다. 그 시초 점에 환웅 중의 한 분인 치우천왕이 있었다.

인간의 모든 역사는 치우로부터 시작된다. 시작한 이도 치우요, 끝을 맺는 이도 치우이다. 이때부터 인간은 기나긴 카르마의 수레바퀴 속으로 빠져들게 된다. 거불단 환웅을 끝으로 신들의 세상은 문을 닫고 본격적인 인간들의 세상이 펼쳐지니, 지구 5000년 드라마가 펼쳐진다.

카르마의 굴레 속에서 우리는 기억을 잃고 어두운 밤을 지나야 한다. 내면의 꺼지지 않는 '본성'이라는 작은 불씨를 나침반 삼아 스스로 깨고 나와야 한다.

한 겹의 장막을 뚫고 올라올 때마다 수많은 귀들이 기다린다. 이때에 치우가 당신의 혼불을 지키는 수호자가 될 것이다. 귀들의 먹잇감이 되지 않도록 정신을 바짝 차리고 깨어있어야 한다. 나의 주체를 다른 존재에게 내어주어서는 안 된다.

반신반인인 환웅과 지구여신 마고의 후예인 여사제와의 만남은 하늘과 땅의 만남이요, 남신과 여신의 만남이었으며, 혼인의 시작이었다. 삼성기와 태백유사에는 첫 혼인에 관한 예법이 나온다.

> 여러 영험스러운 이들과 뭇 철인들이 보살피도록 하시더니 웅씨의 여인을 거두어 아내로 삼으시고 '혼인의 예법'을 정하매, 짐승 가죽으로써 폐물을 삼았다. 농사를 짓고 목축을 하고 시장을 열어 교환하도록 하니, 온 세상이 조공을 바치며 새와 짐승도 덩달아 춤추었다. 뒷날 사람들은 그를 지상 최고의 신이라고 받들어 세세토록 제사가 끊임이 없었다. 〈삼성기〉

> 아득한 옛날 한 사나이와 한 여자가 있었다. 이들은 천하의 동녘과 서녘에 있으면서 처음에는 서로 오가지 않았다. 그러나 세월이 지나면서 얼굴을 익힌 듯 오가기를 몇 차례, 급기야 짝을 지어 자손을 세상에 퍼뜨렸다. 〈태백유사(太白遺事)〉

환웅과 웅씨 여인이 혼례를 올리니, 땅의 왕과 지구여신의 결합이요, 결혼의 첫 시작이었다. 이 혼례의식은 [태백유사]에 적힌 글처럼 처음에는 왕래가 없다가 점차 만나기를 거듭하면서 서쪽의 여신과 동쪽의 왕의 만남으로 이어졌다. 혼례를 치르고 서로 상부상조하며 문물을 교환하는 의미도 있었으니 하늘과 땅을 알기 위함이었다.

이때에 풍요의 제사를 올리고 서로의 예물을 교환하고 하늘과 땅이 하나 되는 의식을 치르니, 이와 같은 결혼의식이 제례의식처럼 여러 곳곳으로 퍼졌다.

여신의 신전으로 왕이 찾아오는 것은 결혼 혼례 시에 신랑이 선물을 가지고 신부의 집으로 가서 혼례를 치르는 것으로 후대에 전해지게 된다. 그리하여 왕과 여사제가 1년에 한 번씩 결혼의례를 하면서 선물을 교환하였다. 여사제는 땅의 수확물을, 왕은 가축을 주었다. 여신과 남신이 태극을 돌리니, 하늘과 땅의 기후가 안정되고 만물은 풍요로워졌다.

이와 같은 의식은 훗날 결혼의식으로 이어졌고, 수메르에서는 성혼례라는 의식으로 전해져 내려갔다. 동양에서 왕과 여사제와의 결혼의식은 견우와 직녀 이야기로 전해져 온다.

음력 칠월 칠석은 견우와 직녀가 만나는 날이다. 견우직녀설화는 서로를 그리워하고 있으나 은하수를 사이에 두고 있어 못 만나다가 까마귀와 까치가 놓은 오작교에서 1년에 1번씩 만난다는 전설이다. 견우와 직녀가 만나는 환희의 눈물이 비가 되어 내린다고 한다.

견우란 이름은 소를 끌어 농사를 짓는다는 뜻이다. 소와 관련된 아이콘은 남성성을 상징하며, 치우의 소머리와 관련이 있다. 직녀는 베를 짜서 옷을 짓는 여자라는 뜻으로 마고와 관련이 있다. (마고의 麻[삼마]— 베틀로 삼베를 짠다.)

칠석날은 환웅과 마고의 혼례의식이며, 풍작을 기원하기 위해 마을 축제를 벌인다. 이때에 칠성제를 함께 올리기도 한다. 환웅=제석천=칠성=견우가 모두 하나의 아바타이며, 환웅의 다른 표현들이기도 하다.

(견우성을 나타내는 별 이름은 알타이르[Altair]이며, 독수리자리를 뜻한다. 수메르 사람들이 알타이르를 '독수리별'로 부른 것에서 연유한 것으로 혹 북방 알타이[Altai]지역이 이 별로부터 유래되지 않았나 한다.)

우리의 견우직녀가 만나는 칠석날에 관련된 비슷한 신화가 수메르에도 있다. 바로 두무지와 인안나의 사랑 이야기이다. 견우와 직녀의 사랑의식이 1년에 한 번씩 치러지는 의식이듯, 수메르의 성혼례식도 왕과 여사제가 해마다 치르는 의식이었다.

이 혼례식은 왕과 여사제가 각각 두무지(Dumuzi)[28]와 인안나(Inanna)[29] 역할을 맡아서 '사랑가'와 '애가'를 불렀으며, 왕은 여사제에게 바칠 선물을 준비한다. 혼례에 참가하는 사람들은 지구라트 계단을 올라가며, 성혼례의 즐거움을 노래하고, 도시의 풍요와 안녕을 기원했다. 인안나는 사랑과 풍요의 여신이며, 두무지는 '착한 아들'이란 뜻으로, 견우와 비슷한 양치기였다.

두무지는 인안나의 남편이기도 하고 아들이기도 하다. 물질적으로는 남편에 해당되나 인안나 여신의 가르침을 받고 자라기 때문에 영적으로

---

28 수메르의 남신으로 인안나의 남편이다. 바빌론 신화와 구약성서에는 탐무즈(Tammuz), 담무즈로 불리며, 두무지는 수메르식 표현이다.

29 수메르의 성애, 다산의 여신으로 하늘과 땅의 여신이다.

는 아들에 해당된다.

막달라 마리아와 예수의 혼례도 왕과 여사제의 신성한 결합이었으며, 프리메이슨 의식 중에 성혼례 의식이 전해져 내려온다.

왕과 여사제의 혼례의식은 인간의 왕과 여신과의 신성한 결합을 기리는 혼례의식이었다. 이것은 점차 축제로 자리 잡아 국가적인 행사로 거행되었다. 두무지와 인안나의 만남을 막는 것은 저승이었으며, 견우와 직녀의 만남을 막는 것은 은하수였다.

최초 혼례의식은 환웅과 마고로부터 비롯된 의식이었으며, 왕과 여사제의 신성한 결합은 음양조화의 상징이었다. 그러나 외계 존재의 침투가 들어오면서 이러한 의식은 왜곡되어 여신은 창녀로, 신전은 사창가로, 왕의 선물은 화대로 바뀌었다.

길가메시[30] 때에 이르러서는 지구라트에서 문란한 성의 축제가 열리고, 길가메시는 처녀들의 초야권[31]을 행사하기 시작했다. 이러한 혼례의식은 부족 간에 조공을 바치는 의식으로 분화 및 변화되었다. 길가메시도 성혼례에 의해서 탄생된 왕이었다.

수메르에 들어온 외계의식이 바이러스처럼 번지자, 치우천왕은 그리

---

30 기원전 2600년경, 고대 메소포타미아 수메르 왕조 초기 시대인 우르 제1왕조의 전설적인 왕으로 수많은 신화나 서사시에 등장하는 영웅이다.

31 결혼 첫날밤에 신랑 이외의 남자가 신랑보다 먼저 신부와 동침하는 권리

드망의 일부를 잘라내었다. 이때부터 서쪽은 본격적인 물질판으로 들어가게 된다. 수메르의 신전들은 완전히 외계 존재에 의해 장악을 당하게 되었고, 이것은 훗날 소돔과 고모라[32] 사건으로 이어지게 된다. 성에너지가 바이러스처럼 돌기 시작했으며, 성의식은 인류의 의식을 지배하는 의식차원으로 들어오게 되었다. 머리와 가슴에 맞추어져 있던 의식이 배꼽 아래 성센터로 내려옴은 우리의 의식이 '본능'과 '욕구'에 지배당하는 물질적 인간이 되었음을 뜻한다.

---

32 성경에는 아브라함의 조카인 롯이 소돔과 고모라로 이주했으나, 소돔과 고모라가 워낙 타락한 탓에 신은 아브라함에게 두 도시를 파괴할 예정이라고 일러준다.

03 환웅의 민족 대이동의 서사시

아리랑, 하늘도 함께 울었다

먼 옛날, 기억 속의 아리랑
지금 이 순간 이 땅 위에서 재현되고 있으니,
아리랑 아리랑 아라리요,
쓰리랑 쓰리랑 쓰라리요,
한민족 오천년 드라마의 완성이
지금 이 땅에서 이루어지고 있다.

아리랑 고개 너머 너머로
굽이굽이 눈물 적시며
이별이 시작되었으니,
한민족의 이동은 한의 시작이었다.
떠나는 자와 남은 자의 아픔이요,
이 아픔은 한으로 남아 이 땅 위에 피와 눈물로 뿌려졌으니
떠나는 자도 상처요, 남은 자도 상처다.

아리랑고개 너머 민족대이동을 이끌던 환웅은
없는 길을 만들고 역경을 헤치며 해가 뜨는 동쪽으로

대이동을 시작하여 지금 우리가 서 있는 이곳에
한민족의 뿌리를 내렸다.

세포 속에 아리랑의 한이 아픔과 눈물로 담겨있고
세포 속에 그 기억 그 느낌 담겨있으니
차마 떼지 못하는 카르마의 마음이라!
그 눈물 닦아주고 그 아픔 어루만져 줄 테니
이제 그만 집착과 한을 놓아주시오!

해원을 위한 대단원의 막이 올랐으니
이 땅 위에 모든 한을 걷고
이 땅 위에 모든 사람들이 함께 행복할 수 있는 발판을 준비하자.

우리가 지금
왜 아파하고, 왜 울어야 했는지,
우리네 어머니 아버지, 할머니 할아버지가 왜 그래야만 했는지
이제는 서로의 눈물을 닦아주고 어루만져주며 서로를 치유하자!

헤어짐과 만남,
이별과 눈물의 역사도
우리의 세포 속에 이어져 내려와
한의 집결체인 지금의 나를 통해 펼쳐지고 있다.

너의 헤어짐이 나의 헤어짐이요,
나의 이별이 너의 이별이었다.

이것이 우리 모두의 이별이었으니,
너도 울고 나도 울고 하늘도 울고 우리 모두 함께 울었다.

지금의 내가 왜 이래야만 했는지,
지금의 내가 왜 이렇게 아파해야만 했는지,
이제는 그 눈물 그 아픔 거두고 함께 나아가자!

다시 만나는 날,
우리 모두 대 광명의 환희 속에
기쁨의 눈물을 흘릴 때,
이 눈물은 세상을 빛으로 치유하고
지구를 치유하고 우주를 치유하는 감로수가 된다.

너는 나의 아픔을 알고
나는 너의 아픔을 알고
우리의 아픔을 서로서로 나눌 때
더 큰 기쁨을 나눌 수 있다.

그 오랜 기다림 끝에 비로소
견우와 직녀가 만나듯,
이 땅 위에 해원은 시작되었다.
견우와 직녀는 회한과 기쁨의 눈물을 흘렸고
그 눈물은 빗물 되어 이 땅을 적시었다.
견우와 직녀의 사랑은 이 땅 위에 모든 한을 푸는 시초이다.

아리랑 고개 너머 민족 대이동의 드라마는
오랜 세월 이어져 내려왔고
그 완성이 지금 문 앞에 다다랐다.
동과 서가 통하고
남과 북이 만나듯,
하늘과 땅이 만나 인간이 바로 설 때,
지구가 바로잡히고 우주가 바로 잡힌다.

이 땅 위에 한이 거두어지고
새로운 세상이 열린다.
새가 알에서 빠져나오듯
진통과 아픔 속에서 새 인류가 탄생되고
오랜 기다림의 약속이 이루어지고 있다.
기다림의 약속을 지켜보기 위해
대단원의 막을 지켜보기 위해
지금 우리가 여기에 서 있다.

나의 본성이 드러나고
너의 본성이 드러나
우리가 누구인지 또 어디로 가고 있는지 알게 되면
아픔은 더 이상 아픔이 아니고
슬픔은 더 이상 슬픔이 아니다.

함께 가고 있다.
혼자가 아니라 우리 함께 가고 있다.

서로서로 나누고
서로서로 도와가며
우리 함께 만들어 가자!
나만 운 것도 아니고, 나만 아픈 것도 아니고
나도 울고 너도 울고 하늘도 함께 울었다.

환웅의 민족 대이동과 아리랑의 뜻

'아리랑 아리랑 아라리요, 아리랑 고개로 넘어간다.'

오랜 먼 옛날, 환웅과 여사제(마고의 후예)의 혼례의식으로 동과 서는 하나로 묶여졌고, 지구는 하나의 도道로써 움직였다. 물질과 정신이 하나 되었고, 남자와 여자가 서로 소통하는 세상이었다. 기후는 온화하고 농작물은 잘 자랐으며 자연 만물이 풍요로웠다.

시간이 흘러 한여름에서 가을로 넘어가는 시점에, 우주의 사랑 받지 못한 존재들이 수메르 지역에 바이러스처럼 침투하기 시작했다. 외계 존재들은 인간의 몸속에 기생하듯 바이러스처럼 퍼져갔고, 수메르 지역은 점점 오염되기 시작했다. 결국, 수메르 지역을 그리드망에서 떼어내야만 하는 상황이 오고야 말았다. 이때부터 민족 대이동이 시작되었다.

동쪽으로 이동할 수밖에 없었던 상황에서 왕은 자신이 사랑하는 어머니이자 누이요, 아내이자 여사제인 그녀와 이별을 하고 또 수많은 백성들을 떼어내는 아픔을 겪어야 했다. 여인들은 떠나가는 왕을 바라보며 애가(哀歌)를 불렀다. 아리랑의 노래를….

여사제는 남겨진 자들을 두고 왕을 따라갈 수는 없었다. 무제국 시절 함께 침몰했던 것처럼….

바이러스에 오염되지 않은 이들은 왕을 따라 동쪽으로 이동하였으며, 남을 자 남고, 떠날 자 떠났다. 여인들은 동쪽으로 떠나는 자를 바라보며 애곡하였다. 그들이 모두 떠나고 여신의 땅이 완전히 점령을 당하자, 여사제는 티베트의 동굴로 들어갔다. 외계 세력에게 점령당한 신전엔 이미 다른 신들이 들어와 주인행세를 하고 있었다. 이때부터 주변 지역은 성적인 타락이 생겨났고, 왜곡되기 시작했으며, 오해가 생기기 시작했다.

동쪽에 터를 잡은 환웅은 서쪽에 위치한 수메르 지역의 그리드망을 잘라냈다. 그리드망을 잘라냄은 물질과 정신의 분리요, 이승과 저승의 나뉨이며, 차원의 분리이다. 또한, 의식차원의 이별을 말하며 기억을 닫고 물질계로 들어가는 것은 곧 신들이 천국에서 지상으로 떨어짐을 뜻한다. 이때부터 신은 인간 몸으로 화신했다.

현실차원에서는 공간적 이별이지만, 의식차원에서는 차원적 이별이다. 현실차원의 이별은 물질적 몸의 떨어짐이지만 의식차원의 이별은 망각이다. 이것은 마치 기억상실증 환자가 되어 모든 기억을 잃어버림을 뜻한다. 심지어 내가 누구인지조차도….

신의 세계에서 인간 세계로 떨어짐은 기억상실이다.
아련한 기억만을 세포 속에 남긴 채…
이것이 진정한 아리랑의 숨겨진 뜻이다.

현실의 이별이 아니라 차원 간 이별가를 바로 우리 선조가 불렀고, 지금도 이어져 내려온 아리랑이다. 아리랑 속에는 잊지 말고 기억하라는 코드가 들어있다. 그때의 그 한과 슬픔이 그대로 각인되어 숨겨져 있다. 그래서 아리랑은 우리 한민족의 한을 담은 코드로 작용한다. 이별과 분단의 한이 아리랑의 코드 속에 담겨져 있다.

'아리랑 아리랑 아라리요, 아리랑 고개로 넘어간다.'

우리가 현실에서 차원 간 이별을 경험할 수 있는 것은 죽음을 통해서이다. 아리랑의 고개는 이승에서 저승으로 넘어가는 고개이다.

수메르 언어 중 [아라리]라는 단어가 있다. Arari는 [지옥, 내세, 저승]이라는 뜻을 가지고 있다. 비슷한 뜻으로 [아라(Ara)]는 [길, 통로 혹은 과정]이라는 뜻이며, [아리(Ari)]는 [씨를 뿌리다]란 뜻이다. [아리아(a-ri-a)]는 불모지, 사막이라는 뜻이다. 수메르어로, [아라], [아리]라는 어원에서 보면 어떤 힘든 길을 가는 것을 이야기하고 있다.

아라리(Arari)에 관련된 수메르 신화는 두무지와 인안나의 혼례의식에 잘 나타나 있다. 두무지가 살았던 연대는 치우천왕과 같은 시대이다. 두무지는 계절에 따라서 죽고 다시 사는 신으로, 비가 그치는 매년 초여름에 죽고 죽은 자가 그러는 것처럼 지하 세계로 내려간다고 한다.

두무지가 지하 세계로 내려갈 때 인안나는 그가 간 것을 놓고 애곡을 하지만, 가을이 되면 그가 다시 생명을 얻어 돌아오도록 돕는다. 다시 태어나 부활하여 사랑하는 것처럼, 자연은 사랑, 죽음, 재결합이라는 끝나지 않는 주기 안에서 성장한다.

이때 인안나 역할을 맡은 여사제가 애가(哀歌)를 부른다. 이 노래가 바로 아리랑의 느낌과 비슷하지 않았을까? 왕과 여사제의 제(祭)의식은 약 1000여 년을 이어져갔고, 제의적인 노래라 오래도록 구전되어 내려온 것으로 보인다.

성경의 에스겔서에 보면 두무지와 관련된 구절이 나온다.

> 14 나를 야훼의 성전 북향 정문 문간으로 데리고 가셨다. 거기에서는 여인들이 앉아서 담무즈[33] 신의 죽음을 곡하고 있었다.
> 15 "너 사람아, 보았느냐?" 하시면서 그분은 나에게 말씀했다. "이보다 더 역겨운 짓을 또 보아라."
> 16 그리고는 나를 야훼의 성전 안마당으로 데리고 가셨다. 거기 야훼의 성전 정문간, 현관과 제단 사이에 사람 이십오명 가량이 야훼의 성전을 등지고 동쪽을 향하여 해를 보며 절하고 있었다.
> 〈에스겔 8장〉

정리하자면 아래와 같다.

1. 두무지(담무즈)는 환웅과 동시대의 인물로 환웅과 동일 인물일 수 있다.
2. 아라리는 저승을 뜻하며, 두무지가 떠남을 애곡하는 노래이다.

---

33 두무지의 바빌론식 이름, 바빌론 신화와 구약성서에서는 탐무즈, 담무즈라 불렀다.

3. 여인들이 두무지(담무즈) 신의 죽음을 애곡하는데, 동쪽을 향하여
   절을 하면서 불렀다.

한민족의 한은 아리랑 코드에 담겨있다

살펴본 바와 같이, 아리랑은 신들의 세계에서 인간들의 세계로 떨어짐에 대한 안타까움을 노래한 것이다. 동과 서의 분리를 슬퍼하는 애가(哀歌)이며, 이는 곧 남성에너지와 여성에너지의 분리이며 이별을 뜻한다.

물질문명의 길을 걸어야만 하는 서쪽 사람들의 운명과 동쪽으로 떠난 임을 그리워하며 여인들이 불렀던 노래이다. 기억을 잊었을지라도 그 아련한 느낌만은 노래로서 지금까지 흘러내려 왔다.

한(恨)의 시작은 동과 서의 분리로부터 비롯되었으며, 아리랑에는 한(恨)의 시초가 들어있다. 머나먼 고개 넘어 동쪽으로 떠난 임을 그리워하는 마음이다.

남과 여가 통하고, 동과 서가 통하는 십승지(十勝地)[34]가 그 옛날에는 수메르에 있었다. 지금은 그 중심이 우리 한반도에 형성되고 있다.

남과 북이 만나고, 동과 서가 만나는 그곳…. 그래서 십(十)자이자 아(亞)자이다.

오래된 우리말에 '아리'란 말은 밝음, 광명, 크거나 신성한 것을 뜻한

---

34 큰 나리를 피하여 살아남을 수 있는 안전한 곳으로, 전통적 이상향을 말함.

다. 아리는 한(桓)이기도 하다. 그래서 한강을 아리수라 한다. 또한, 랑은 신랑, 화랑, '랑군'할 때의 사랑하는 '님'의 뜻이 들어있다. 아리랑은 크고 밝은 사랑하는 님(한님)을 부르는 말이기도 하다.

04 지구 드라마의 시작 – 수메르와 한반도

지구 드라마의 시작점

환인이 세운 나라, 한국(桓國)[35]은 무대륙 후예들의 발판 위에 세워진 초고대 연방국가이며 전 지구상에 펼쳐져 있었다. 환인은 지구 중심이자 가장 높은 천산 위에 머물렀다. 환인이 천산에서 아래를 굽어보다가 인간들을 위해 아들 환웅을 보냈으니, 환웅이 세운 나라가 곧 신시(神市)배달[36]이다. 신시배달은 아버지 나라와 어머니 나라가 만나 조화로운 문명으로 탄생되었다.

환인은 지구의 왕자인 환웅에게 지구의 왕권을 넘겨주었다. 환인은 왕권을 결정하는 최고의 위치에 있는 창조주이다. 문명이 꽃을 피우고 가을로 접어들자, 니비루(nibiru)[37]에서 들어온 우주적 존재들은 수메르 지역에 자신들의 거처를 달라고 환인에게 청하자, 환인은 이에 수락을 하게 된다. 외계 존재를 받아들인다는 것은 지구에 우주 카르마를 들

---

35 환인이 세운 나라로, 한국 또는 환국이라고 한다.

36 환웅이 세운 나라로, 신시배달 또는 배달한국이라고 한다.

37 고대 수메르 신화에 나오는 12번째 행성.

여옴을 뜻한다. 즉 지구에 거대한 창조주의 계획이 있음을 나타낸다.

환웅 치우는 광명(光明)의 왕이었으므로, 어둠의 그림자가 드리워 소통이 막히는 것을 바로 잡아야 했다. 수메르 지역에 들어온 외계 존재들은 환인의 허락이 떨어지자, 자신들의 세력을 확장하기 시작했다. 바이러스처럼 퍼지는 어둠의 그림자가 드리우자, 환웅 치우는 다 쓸어버리고자 했다. 이때 확장을 하려는 외계 존재와 이를 막으려는 환웅 치우 간의 대 전쟁이 벌어지게 된다.

이 전쟁은 루시퍼와 미카엘의 전쟁으로 알려졌다. 외계 존재의 침투는 곧 동과 서의 분리요, 물질과 정신의 분리를 가져왔다.

이때부터 빛과 어둠의 이원성이 생기기 시작했으며, 수메르에 거처를 마련한 외계 존재들로 인해 환웅 치우는 서쪽의 그리드망을 잘라내게 되었다. 동과 서는 분리되어 각자의 길을 걷게 되었다. 거불단 환웅을 끝으로 신의 시대를 접고, 지구역사 5000년의 카르마 드라마가 시작되었다.

• 길가메시의 등장

태양계 가까이 들어온 니비루의 신들은 길가메시를 통해 빛의 지구를 접수하고자 하였다. 길가메시에게 정보를 주고 자신들이 들어올 수 있는 길을 열도록 하였다. 또한 니비루 신들은 지구의 왕이었던 환웅의 자리에 앉을 수 있다며 길가메시를 종용하였다. 이에 길가메시는 니비루 신들을 끌어들여 힘을 키우려 하였다. 더불어 환인의 허가는 길가메시의 아상을 더욱 키워주는 상황으로 발전되어, 길가메시는 외계 존재들과 더욱 연합하게 된다. 이때부터 그는 여기저기 신들의 성소를 짓기 시작했고, 외계 존재의 도움을 받아 점점 힘을 구축하였다. 그 당시 지은 바벨탑은 니비루와의 접선장소가 되었다.

치우의 대 전쟁 기간 동안, 치우를 본 자들은 그의 기세등등함을 보고 놀랐고, 그 힘을 두려워하였다. 치우의 명성은 세계 곳곳에 퍼졌으며, 같은 인물 다른 이름으로 불렸다. 또한, 지구의 아버지이며 문명의 아버지였고, 수많은 신화 속에, 문명 속에, 상징 속에, 제각각의 모습으로 등장하게 된다.

환웅의 시대가 가고, 단군의 시대에 이르러 분리된 왕국 속에 우두머리들이 생겨나면서 이들은 치우의 본(本)을 따라 하고자 했다. 그 중에서 강력하게 치우를 모방한 왕이 있었으니, 그가 바로 길가메시였다. 길가메시는 외계신들의 대리자이었다.

가짜와 진짜

가짜는 항상 진짜처럼 행동하며 진짜를 악의 축으로 만든다.

환인/환웅/단군 대신에 하느님의 자리에 올라 인간들의 의식을 조종하고, 매 순간 힘이 실리는 곳에 바이러스처럼 옮겨가 힘을 확장한다. 진짜는 매 순간 죽어야 했고 도망가야 했고 찌그러져야 했다. 기억상실로 인하여 자아의 정체성을 상실한 채 좌충우돌 할 수밖에 없었다.

예수 시절에도 예수를 죽인 이들이 로마와 붙어 권력을 행사했고, 로마로 들어간 이 힘은 예수의 추종자들을 죽이고, 만들어진 예수, 만들어진 종교 속에 그들의 사념체를 심어놓고, 교황으로 신의 대리자를 자처하며 진짜를 죽인다.

로마교황청(가톨릭)과 프로테스탄트(개신교)의 싸움에도 진짜는 없고 가짜끼리 싸운다. 진실을 알고 있는 자는 마녀사냥을 당하든가, 기억의 코드를 닫은 채 살아야만 했다.

르네상스가 일어나고 숨어있던 프리메이슨이 수면으로 올라와 힘을 받자, 로마 가톨릭에 잠입해있던 신의 가짜 세력은 프리메이슨으로 들어갔고, 개신교로 들어갔고, 여기저기 힘이 붙는 곳에는 바이러스처럼 침투하였다. 진짜는 계속해서 숨어다니거나 숨죽여야 했다.

진짜는 때가 아니면 드러날 수가 없다. 좌와 우의 힘이 극한을 쳐서 둘 다 붕괴될 때, 진짜는 서서히 드러난다. 굳건한 에고의 벽은 진실을 더욱 가린다. 그래서 진실은 파괴 속에서 드러난다.

수메르와 한반도

수메르와 한반도는 중요한 곳이다. 수메르는 과거를 찾는 최초 흔적지이고, 한반도는 미래를 밝히는 마지막 희망지이다. 수메르에 있던 과거의 흔적들은 우리의 것과 많이 닮았다. 수메르가 문을 닫고, 아시리아를 거쳐 바빌로니아에서는 왕권 탈취와 더불어 대대적인 고대 기록의 변조가 있었다.

수메르를 끝으로 여신의 문은 닫혔고, 역사는 진실 위에 수많은 왜곡을 덧씌워 무엇이 진짜고 무엇이 가짜인지 알 수 없도록 만들어 놓았다. 그래서 우리들은 본성을 나침반으로 삼아야 한다.

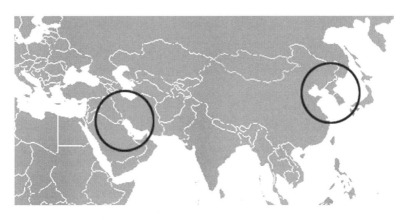

수메르는 시작점이고, 한반도는 끝점이다.
수메르는 여성성이고, 한반도는 남성성이다.
수메르는 받아들임이고, 한반도는 내어줌이다.

여성성이고 받아들임의 성질이 있는 수메르는 문명의 초창기에 외계존재의 스타게이트로 활용되었었다. 이곳은 지구로 들어오는 문이기도 하다. 그래서 전쟁이 끊이지 않는다. 반면 남성성으로 발산하는 성질이 있는 한반도는 에너지적 보호막이 가장 센 곳이며, 북한의 경우 외계존재가 들어올 수가 없는 지역이기도 하다.

수메르 문명이 끝나고, 길가메시가 등장하면서 수메르의 여신에너지는 거두어졌다. 고대 수메르 지역은 마고의 후예인 여신이 다스리던 지역으로 원래 물이 풍부하고 작물이 잘 자라는 풍요로운 땅이었다. 그러나 환웅이 동쪽으로 이동하면서 그리드망을 잘라내고 난 뒤, 여신이 있던 자리에 강력한 남성성(길가메시)이 나타나자, 기후는 점점 메마르기 시작했다.

여사제가 떠난 그곳은 점차 오염이 극에 다달아 점점 사막화가 되어가기 시작했다. 그래서 중동 일대가 사막으로 이루어진 것이다. 물이 부족한 사막 지역은 남성성이 커져서 여성에너지를 강하게 눌러놓는 경향이 크다. 반면에 영국이나 프랑스 등 서유럽지역은 안개와 비가 잦은 여성성을 가진 지역으로 여성의 힘이 강하다. 사계절이 조화롭고 물의 기운과 불의 기운이 적절해야 음양이 조화롭다.

05 길가메시와 바벨탑

지구의 왕 '환웅'

단군 이전 환웅시대는 신의 시대였고, 단군 이후의 시대는 인간 역사의 시대이다. 환웅 때 펼쳐졌던 문명이 풍습이 되어 전 세계 곳곳에 이르렀으며, 문명의 황금기는 바로 치우 시절이었다. 이때 전 세계는 하나의 문명, 하나의 도(道)로써 움직였으며 배달한국문명이 온 세계로 퍼져 있었다.

찬란했던 문명의 여름이 가고 가을이 찾아올 무렵, 치우는 수메르 지역의 그리드망을 잘라내고 동쪽으로 이동을 한다.

수메르나 메소포타미아의 기록들을 보면, 뿔 달린 헬멧을 쓴 존재를 신으로 묘사해 두었으며, 해 뜨는 동쪽에 신들이 있다고 표현하였다. 환웅 치우는 그 당시 신으로서 추앙을 받는 지구의 왕이었다.

환웅 시절 수메르 지역은 동과 서가 만나고 북과 남이 만나는 문명의 중심지였으며 요충지였다. 환인의 허락에 따라 외계문명이 이곳에 정착할 수 있게 되자, 길가메시는 신전을 지으며 외계문명을 끌어들이기 시작했다.

위와 유사한 내용이 가나안 신화에 나온다. 여기에서 엘은 환인, 바알은 치우, 얌은 길가메시의 역할로 볼 수 있다.

엘은 최고의 장인에게 얌의 힘을 인정하는 궁전을 지으라고 명령한다. 이에 고무된 얌은 신들의 회합에 자신의 사자를 보내 바알에게 항복할 것을 요구한다. 나아가 얌은 회합에 모인 모든 신들에게도 굴복할 것을 명령한다. 심지어는 엘까지도 얌을 승인한다. 엘은 "얌이여, 바알은 너의 종이니라"고 선언한다. 그러나 얌의 승리는 오래가지 못했다. 두 개의 신성한 무기로 무장한 바알은 얌과 싸워 그를 물리친다. 그러나 곧 모트가 바알에게 도전한다. 이 싸움에서 바알은 패배한다. 그러나 바알의 여자형제인 아나트는 바알의 패배를 받아들이지 않는다. 아나트는 엘의 아들인 모트를 사로잡아 그를 칼로 쪼갰다고 한다. 모트가 사라지자마자 바알이 기적적으로 회생한다.
〈제카리아 시친의 수메르, 혹은 신들의 고향 중에서 가나안 신화관련부분 발췌〉

뿔 달린 투구를 머리에 쓴 신
(손에 활을 들고 바벨탑 쌓는 것을 막고 있다.)

길가메시와 타락한 신전

길가메시는 BC 2650년경 수메르의 우르 제1왕조의 왕으로 나온다. 시기적으로 보면 치우와 동시대의 인물이다. 길가메시는 왕이라기보다는 도시국가의 책임자 혹은 대리자였다. 또한, 성경에는 '니므롯'으로 나오는데, 고대 근동의 영웅으로 알려져 있다. 니므롯이라는 이름의 뜻은 님(높은 사람)+마랏(반역하다)라는 뜻이라고 한다. 창세기 10장에 보면 니므롯에 관하여 나온다.

> "노아의 아들 셈과 함과 야벳의 족보는 이러하니라 …(중략)… 함의 아들 구스가 또 니므롯을 낳았으니 그는 세상에 첫 용사라 그가 여호와 앞에서 용감한 사냥꾼이 되었으므로 속담에 이르기를 아무는 여호와 앞에 니므롯같이 용감한 사냥꾼이로다 하더라"

문헌에 보면 길가메시는 어머니가 여신 [닌순], 아버지가 [루갈반다]라고 한다. 성혼례식에서 탄생되어 왕이 된 인물로, 하늘 여신의 피를 이어받았다고 하여 길가메시를 반인반신이라고 한다. (성혼례는 도시 통치자와 간택된 여사제 사이의 결혼이다.)

환웅 치우가 수메르 지역을 그리드망에서 잘라내고 난 뒤, 수메르의 여신도 떠나고, 수메르 지역은 외계 존재들이 대거 들어와 길가메시라는 대리자를 통해서 통치하는 바벨론 시대의 막을 열게 된다. 이때부터 수메르는 혼란의 시기로 접어들기 시작했다. 수메르 여신이 떠난 수메르는 더 이상 수메르가 아니었다.

길가메시는 정복하는 도시마다 신전을 세우고, 높이 세운 신전의 꼭대기에 수메르 여신 대신, 니비루 신들을 안치시킨다. 수메르 여주가 떠난 그곳은 남아있던 여사제들마저 다른 곳으로 떠나거나 혹 남아있던 여사제들은 니비루 신을 모시게 되었다. 신전이 많아지면 많아질수록 더 많은 여인들이 필요하게 되었고, 길가메시는 도시의 모든 여인을 군대에 입대하는 것처럼 신전에 입대를 시키게 된다.

신전에 입대한 여인들은 그곳에서 모르는 남자들에게 몸을 팔아야 신전을 나올 수 있었다. 일제 침략시기 조선의 여인들을 위안부로 강제로 끌고 갔던 것처럼, 어린 여자아이가 사춘기가 되면 신전으로 입대를 하게 되고, 이곳에서 낯선 남자에게 몸을 주고 돈을 받아야 신전을 나올 수가 있었다.

왕과 여사제의 만남 의식이었던 두무지와 인안나의 신성한 결혼의식은 사라졌다. 신방혼례의 상징과 정신은 사라지고 알맹이가 빠진 겉껍데기만 둘러쓴 채로 여성들은 신성한 결혼이 아닌 의무적으로 혹은 강압적으로 남자들을 받아들여야 했으며, 모든 여인들의 초야권은 외계 신들과 성직자 그리고 모르는 남자들에게 바쳐야만 신전을 나올 수 있고 또 결혼을 할 수가 있었다. 이것은 훗날 중세유럽의 성주가 초야권을 행사하는 풍습으로 전해져 내려오게 된다.

우리 안에 남신과 여신이 서로에 대한 신뢰와 애정을 가지고 하나가 되어야 하는데, 타 존재에 의해 무력적으로 몸을 내어 주어야만 하는 것은 여자든 남자든 충격이며, 첫 경험은 시간이 지난 후에도 기억에 남아 강력한 영향력을 미치게 된다.

어린 여자아이가 여성으로 변하는 시점에 외계신들은 여인의 몸을 타고 들어와 육체적, 정신적으로 의식을 지배하게 된다. 첫 경험에서 생겨난 의식은 두고두고 이어지며, 왜곡된 성의식으로 자리 잡게 되는 경우가 많다.

이것은 자기 자신만의 보호 에너지 장을 무력적으로 깨뜨리고, 무조건적인 허용과 받아들임의 길을 트는 것으로, 몸의 점령은 의식의 점령으로 이어진다. 또한, 육체적 쾌락은 마약과 같이 성 에너지의 사념체 바이러스를 확산시키는 결과를 가져왔다. 그 후 성스러운 신전은 집단 매춘장소로 변하였고, 왜곡된 성의식이 확산되기 시작하면서 소돔과 고모라의 멸망으로 이어지게 된다. 아브라함이 우르 지역을 떠난 이유가 타락한 신전에 불을 지르고 도망갔다는 이야기가 있는데, 이 이야기가 가장 타당한 설로 보인다.

월신, 별신, 그리고 이슬람

외계 존재의 뒤 배후를 가지고 있는 길가메시(니므롯)는 점점 자신을 신격화시켰다. 신전의 꼭대기에 있던 인안나(월신)를 내몰고, 그 신전의 꼭대기를 차지하였다. 길가메시(니므롯)는 자신을 월신(月神)의 화신이라고 칭하였다. 본래 남자는 태양, 여자는 달의 코드를 가지고 있는데, 길가메시(니므롯)는 자신을 월신의 화신이라고 이야기한다.

앗수르의 신화에 의하면, 자신은 하늘 월신의 화신이요, 자기의 아들들은 별신들의 화신이요, 사막과 광야에 사는 저들에게 있어서 낮의 뜨거운 해는 사람을 해치는 악신이라고 적어 놓았다. 그러나 어두운 밤을 밝히는 달과 별들은 사람을 보호하는 선신이라고 보았다고 한다.

해를 상징하는 환웅을 악의 화신으로 만들고, 여신의 상징을 뒤집어 쓴 달신은 선의 신이라 바꾸어 놓았다.

훗날 니므롯은 마르둑으로 칭송을 받게 되며, 월신과 별신 숭배사상이 퍼지게 되었다. 오랜 시간이 흐르면서 월신과 별신 숭배사상은 이슬람의 상징 속에 잘 나타나 있다. 이슬람 국가들은 대부분 국기에 달과 별의 상징이 들어가 있으며, 강력한 남성성을 가진 외계 존재인 마르둑의 영향력을 받은 것으로 보인다.

여성의 지위가 바닥으로 떨어지게 된 것은 길가메시 이후로, 신전의 꼭대기를 여신이 아닌 남신이 앉게 되면서 여신은 지하 세계로 떨어지게 되었다. 성적으로 타락했던 고대 근동지역은 그 피해의식으로 인하여 현재 이슬람은 강력하게 여성을 억압하고 있다. 이는 왜곡된 성 에너지의 반작용에서 나온 결과이다.

마지막으로 이슬람을 믿는 국가는 달과 별의 상징을 쓴다고 위에서 이야기했다. 각 나라의 국기를 보면 그 나라가 지향하는 바를 알 수가 있다. 가톨릭을 믿는 국가는 가로 혹은 세로의 삼색기를 사용하고, 개신교를 믿는 국가는 십자가를 넣었으며, 불교영향을 받은 나라는 원이

들어가 있다. 원은 태양을 상징한다.

　세로줄 혹은 가로줄의 국기를 가지고 있는 독일, 벨기에, 프랑스, 이탈리아 등은 가톨릭이 많고, 십자가 모양의 국기를 가지고 있는 영국, 아이슬란드, 핀란드, 스웨덴 등은 개신교에서 분파된 루터교가 많다. 영국의 경우 십자가 형태인 잉글랜드와 X자 형태인 스코틀랜드 국기가 합쳐져 현재의 모양을 이루고 있다.

　달과 별모양의 국기를 가지고 있는 터키, 파키스탄, 알제리 등은 이슬람교이며, 원모양을 가지고 있는 대한민국, 일본, 미얀마, 대만 등은 불교 영향을 많이 받은 국가들이다.

06 길가메시 vs 인안나(이쉬타르)

여신 인안나의 지지

수메르는 무대륙(Mu大陸)에서 이주한 마고 후예들이 세운 도시문명이다. 여신 중심의 중요 포털지역이었으며, 지구정거장 같은 곳이었다. 여성에너지는 자기적 성격이 강해 수용하고 받아들이는 속성이 강하다. 마찬가지로 수메르 지역은 여성의 생식기에 해당되고 받아들임의 중요지역으로, 외계 존재들도 수메르를 통해서 지구로 들어왔다.

인안나와 두무지의 결혼의식에서 보더라도 통치자는 신전의 여주(女主)인 인안나의 지지를 받아야만 통치자로서 정통성을 인정받을 수가 있었다. 이는 북두칠성으로부터 지구로 들어온 환인/ 환웅을 왕으로서 받아들인 마고로부터 기인한다.

(지구여신인 마고가 외부로부터 들어오는 우주손님을 자신의 텃밭에 들어오도록 허용한다는 것은 양의 에너지를 받아들인다는 뜻이다. 이는 곧 여인이 사랑하는 남자를 받아들임으로 비유할 수가 있다. 지구 가이아가 북두칠성을 받아들일 때, 다른 외계 존재들도 그 틈을 타고 들어왔다. 이것은 여성의 자궁 안에 수만 개의 정자가 들어와도 난자는 정자 하나만 받아들여 씨를 잉태하는 것과 비슷하다.)

수메르 지역의 많은 통치자들은 어머니가 여신(여사제)임을 강조하여 정통성을 부여받고자 했다. 어머니만이 자식을 알아볼 수 있고 또 증명할 수 있듯이, 모든 통치자들은 인안나(이쉬타르) 여신의 지지와 인정을 받아야만 백성들로부터 지지를 받을 수 있었다.

길가메시 때에 신전의 여주인이 내쳐졌음에도 불구하고 많은 사람들 기억 속에는 과거의 기억들이 남아 있었기에 후대의 통치자들은 인안나(이쉬타르)의 지지를 받았음을 공공연히 드러내곤 하였다.

사르곤 1세[38]의 전기를 담은 비문에는 다음과 같은 내용이 담겨있다.

"나는 사르곤이다. 강력한 왕이자 아카드의 군주이다. 어머니는 고귀한 신분의 여사제(女司祭)였다. (…) 어머니는 나를 밴 후 남들 모르게 나를 낳았다. 그리고 갈대 광주리를 만들고 역청을 발라서 새지 않도록 하였다. 어머니는 나를 강물에 띄워 보냈다. 강물은 나를 덮치지 않았다. (…) 이쉬타르 시기(Era of Ishtar)에 일어섰다. 경쟁자도 적대자도 없었다. 온 나라에 공포심을 불러일으키는 마력을 뽐었다."

윗글을 보면 어머니가 여사제임을 강조하고 있다. 또한, 이쉬타르 여신을 모시는 신전의 지지를 받았다는 것을 나타낸다. 이는 곧 인간이 아닌 반신반인(半神半人)임을 나타내고자 하며, 지구여신에 의해 통치권을 부여받았음을 강조하고자 하는 글이기도 하다. 그만큼 인안나는

---

38 아시리아 왕으로 아카드 왕조의 시조이다. (재위 : BC 2350경~2294경). 주위 민족을 정복하여 페르시아 만에서 지중해에 걸친 대제국을 건설했다.

수메르에 중요한 여신이었다. 신전의 대여사제는 곡물창고의 주인이자, 도시의 안주인과 같은 존재이다. 우리나라의 안방마님이 곳간 열쇠를 쥐고 있는 것과 비슷하다.

좌) 길가메시, 우) 인안나

길가메시의 등장은 수메르 여신들의 지위를 바닥으로 떨어뜨려 버렸다. 길가메시는 탁월한 정보력을 바탕으로 우르 지역에 영웅처럼 등장하였다. 물론 그 배후에는 외계 세력의 지원이 있었다.

길가메시는 신들만 알고 있는 비밀을 알고 있었으며, 신들의 대리인으로 활동했음을 알 수가 있다. 여기에서 신이란 하늘에서 내려온 외계 존재를 말한다. 이때부터 외계 존재들도 인간들에 의해 신으로 추앙 받게 된다.

"지금부터 길가메시의 행적을 알리노라. 그는 모든 것을 알았고, 세상 모든 나라를 알았던 왕이다. 슬기로웠으며 신비로운 사실을 보았

고, 신들만 알던 비밀을 알아내었다. 홍수전에 있었던 세상에 대하여
우리에게 알려주었도다. 그는 긴 여행 끝에 피곤하고 힘든 일에 지쳐
돌아와 쉬는 중에 이 모든 이야기를 돌 위에 새겼노라."
〈길가메시 서사시 중에서〉

인안나는 수메르 신전의 여주였고, 도시의 통치자는 신전의 여주로부
터 인정을 받아야만 했다. 신전의 여주로부터 인정을 받는 의식은 통치
자와 여사제의 신성한 혼례의식을 통해서 이루어졌다. 혼례식은 도시의
통치자로 인정을 받는 것이며, 곡물창고의 주인인 신전의 여주와 도시
통치자 간의 화합이었다. 도시 통치자는 1년에 한 번씩 선물을 주고 신
방을 치르는데, 길가메시는 이러한 의식을 역(逆)으로 돌려놓는다. 신
전의 여주인 인안나를 신전에서 내몰고 신전의 꼭대기에 자신이 앉았
다. 그리곤 반대로 도시의 여자들을 불러들이게 된다. 도시의 모든 여
자들은 길가메시의 여자가 되어야만 했다.

길가메시 서사시에 보면, 길가메시가 인안나를 모욕하는 장면이 나
온다. '이쉬타르(인안나)가 유혹을 했으나 멸시하고 모욕하였다.'라고 나
온다. 이 사건은 길가메시가 인안나와의 결혼의식을 거절하고, 인안나
를 신전에서 내보낸 뒤, 인안나의 자리에 길가메시가 앉은 사건이다. 길
가메시는 이것을 마치 이쉬타르의 유혹을 거절한 것처럼 표현하였다.

다음은 길가메시 서사시의 줄거리 중 일부이다.

"두 젊은이는 신이 인간에게 부여하는 운명을 거부하고 인간적 명성을 얻기 위해 모험을 시작한다. 파수꾼 훔바바가 지키고 있는 산과 향나무들은 일상생활에서 얻을 수 없는 다른 차원의 세계이다. 그들은 숲을 보호하려는 훔바바를 태양의 신 샤마시의 도움으로 죽이고 향나무를 벤 후 우르로 돌아오게 된다. 이때 개선하는 길가메시의 모습을 보고 여신 이스타르가 그를 유혹하려 한다. 그러나 나약한 존재인 인간에 의해 여신 이스타르가 멸시당하는 사건이 일어난다. 이에 화가 난 이스타르는 하늘 황소를 우르로 내려보낸다. (하늘황소는 7년간 땅을 가뭄에 들게 한 괴물)

엔키두와 길가메시는 하늘 황소를 죽이고 이를 보고 화를 내는 여신 이스타르를 그들은 다시 한 번 모욕하게 된다. 그러나 이들의 지나친 행동은 결국 신들의 재앙을 부르게 되고, 꿈에서 엔키두는 하늘황소와 산지기 훔바바를 죽인 대가로 자신의 운명이 다하게 될 것을 알게 된다." 〈길가메시 서사시의 줄거리 중에서〉

인안나가 신전의 대사제 권한을 버리고 저승으로 내려가 니비루의 하급신인 아눈나키에게 심판을 받고 모멸을 받는 글이 인안나의 저승여행에 잘 나와 있다. 이 글을 보면 인안나가 비참하게 신전의 주권을 버리고 떠났음이 잘 드러나 있다.

• **인안나의 저승여행**

큰 하늘에서 큰 땅에 귀를 기울였다.
여신은 큰 하늘에서 큰 땅에 귀를 기울였다.
인안나는 큰 하늘에서 큰 땅에 귀를 기울였다.

여주는 하늘을 버리고 땅을 버리고 저승에 내려갔다.
인안나는 하늘을 버리고 땅을 버리고 저승에 내려갔다.
주권(主權)을 버리고 대여사제 권을 버리고 저승에 내려갔다.

우루크의 신전 에안나를 버리고 저승에 내려갔다.
바드티비라의 신전 에무쉬칼람마를 버리고
자발람의 신전 기구나를 버리고
아답의 신전 에샤라를 버리고
니푸르의 신전 에바라두르가라를 버리고
키쉬의 신전 후르상칼람마를 버리고
악카드의 신전 에울마쉬를 버리고 저승에 내려갔다.
……
그녀는 저승의 대문에 대고 세차게 외쳤습니다.
에안나를 버리고 저승에 내려왔습니다.
……

일곱 재판관들인 아눈나키 신들이 그녀 앞에서 그녀를 심판했다.
그녀는 그들을 쳐다보았다. 죽음의 눈길이었다.
그들에게 말했다. 분노의 말이었다.
그들에게 소리쳤다. 죄짓는 외침이었다.
괴로움을 당한 이 여자는 두들겨 맞은 고깃덩어리로 변했다.
두들겨 맞은 고깃덩어리를 누구인가 나무못에 걸어놓았다.

〈수메르 최초의 사랑을 외치다 중에서〉

프리메이슨이 인안나를 복원하려는 부분은 이집트의 이시스 복원과 맞물려 있다. 수메르의 인안나는 바빌로니아에서는 이쉬타르로 알려져 있고, 프리기아에서는 키벨레, 로마에서는 비너스로 알려져 있다. 이들 모두 지구 어머니의 풍요와 다산을 상징하는 여신들이다. 하나의 상징적인 존재를 각기 다른 문명에서 다른 이름으로 불렀다. 그러나 더 근원으로 들어가면 이는 곧 '마고'로 상징된다.

다빈치 코드에 보면 비너스 그림이 등장하고, 또 막달라와 비너스를 연결한다. 이는 막달라가 인안나의 후예이며, 대여사제였기 때문이다. 따라서 막달라 중심의 프리메이슨은 인안나(이쉬타르)를 복원하려고 한다.

프리메이슨은 위와 아래, 안과 밖으로 나눌 수 있다. 프리메이슨에도 외계 존재가 대거 들어가 있고, 또 길가메시 세력이 침투하여 있기 때문에 프리메이슨과 프리메인슨으로 나누는 것이다. 위는 정신, 아래는 물질이고, 정신은 프리메인슨, 물질은 프리메이슨이다. 정신에도 어둠과 빛이 존재하고, 물질에도 어둠과 빛이 존재한다.

프리메인슨(정신세계)
(−) 상부 안 (+)

프리메이슨(물질세계)
(−) 하부 밖 (+)

선과 악을 규정할 때 이는 큰 틀에서 놓고 봐야 한다. 프리메이슨의 역할은 선과 악, 빛과 어둠, 양날의 칼을 가지고 있기 때문에 일방적으로 '빛이다 어둠이다'를 규정할 수가 없다. 대부분 어둠의 역할을 맡고 있는 세력은 물질세계 하부세력들이며, 이들 중에 많은 수가 외계 존재의 하수인 역할을 충실히 하고 있다.

07 길가메시 권력을 이어받은 세미라미스

세미라미스, 인안나의 자리에 앉다

인안나는 우르 신전의 여신이었다. 인안나의 저승여행에 보면, 우르 신전을 '나라의 분만실'이라 불렀다. 아브라함이 살던 곳도 우르 지방이다. 인안나는 다산과 풍요의 여신이며, 탄생과 죽음, 창조와 파괴를 동시에 품고 있는 여신이었다. 아브라함의 가족도 이 우르 지역에 있을 당시, 인안나를 믿었으며 여신의 상과 장신구를 파는 장사를 하였다는 이야기도 있다.

그런데 길가메시가 우르 지역에서 인안나를 몰아내고 우르 지역의 통치자가 되면서 수많은 왜곡이 들어가기 시작했다. 자신의 아내인 세미라미스(Semiramis)[39]가 우르의 여주로 앉으면서 인안나의 주권을 행사하기 시작했다. 물론 길가메시 사후, 세미라미스가 권력을 잡으면서 발생한 일이기도 하다. 이것은 후대에 인안나(이쉬타르)와 세미라미스를

---

39 세미라미스에는 여러 가지 설이 있다. 니누스(니베네의 창시자)의 아내로 알려져 있고, 바벨탑을 공사한 여왕이다. 원래는 니누스의 부하인 오네스 장군의 부인이었으나 니누스가 부인을 맘에 들어 하면서 오네스는 어찌할 바를 몰라 자살하였다고 한다. 여기에서 니누스는 니므롯과 동일인물로 알려져 있으며, 고대비문에는 니누스가 다른 남자의 아내였던 세미라미스와 사랑에 빠졌다고 나온다. 니므롯은 전설의 왕 길가메시로 불린다.

동일시하는 상황으로 펼쳐졌다. 마치 주인을 몰아내고 객이 주인 자리에 앉아 '내가 원래부터 주인이었다.'라고 말하는 격이다.

"밀리타 여신의 이름으로"를 외치며 남자들이 여성의 무릎에 돈을 던지며 여인과 하룻밤을 보낼 때 외쳤던 밀리타 여신을 유대인 백과사전에서는 '니므롯의 아내 세미라미스라는 여자가 바로 밀리타 여신이다.'라고 말한다.

인안나와 두무지(탐무즈)의 신성한 결혼의식은 길가메시 때에 이르러 성 에너지의 유입으로 순수성이 상실되고, 신성한 의식은 시간이 흐르면서 쾌락의 파티로 변질되었다. 세미라미스는 길가메시가 죽은 후 자신의 사생아가 태어나자, [탐무즈]의 환생이라고 하며 [탐무즈]라 이름 지은 어린 왕을 대신하여 왕권을 행사하기 시작하였다. 이 [탐무즈]는 훗날 멧돼지에 받쳐 죽었다고 한다.

그 옛날 혼례의식을 치르던 견우 즉 두무지(탐무즈)와 같은 이름을 차용함으로 인해 후대의 사람들은 더욱 혼동케 되었으며, 통치자들이 신들의 이름을 사용함으로 인해, 텍스트에 수많은 왜곡을 가져오게 된다.

인안나와 두무지의 결혼의식은 여신과 남신의 만남이요, 환웅과 마고의 만남이다. 또한, 견우와 직녀의 만남으로 이어지는 신성한 의식은 아버지 나라와 어머니 나라가 혼인을 하는 것이다. 거발한 환웅의 배달국 때 처음 시작되었고, BC 3500년 전 다의발(多儀發-예절을 일으켜 아름답게 하다) 환웅 때부터 본격적으로 서쪽에 예절이 전달된 것으로 본다.

이러한 풍습은 BC 2500년까지 약 1000년을 전해 내려왔기에 사람들의 의식 속에 강하게 자리 잡게 되었다. 길가메시와 세미라미스는 인안나와 두무지의 탈을 쓴 다시 말해 빨간 모자에 나오는 할머니 탈을 쓴 늑대 역할을 맡았던 것이다.

혼례의식은 최초의 연극이다

두무지와 인안나의 혼례의식에는 만남과 이별이 들어있고, 사랑과 애도가 들어있으며, 남녀 간의 결합에 대한 예의가 담겨있는 신성한 의식이었다.

오늘날 수많은 연극과 드라마도 만남과 이별, 사랑을 주 테마로 삼고 있다. 마찬가지로 두무지와 인안나의 혼례의식은 하나의 드라마요, 우리 인생의 철학이 담긴 최초의 엔터테인먼트였다. 그 속에서 사람들은 드라마를 보듯이, 만남과 이별의식을 보면서 카타르시스를 느끼게 되는 최초의 연극이었다.

여신과 남신이 조화로울 때 풍요로워진다. 아버지와 어머니가 조화로울 때 자식들이 잘 자라는 것처럼, 인간들의 의식이 풍요로울 때 곡식들과 농작물도 풍요롭게 잘 자라난다.

인간의 탄생과 죽음 그리고 결혼은 인생에서 가장 중요한 전환점이다. 이러한 중요 순간에는 신성한 힘이 내재해 있다.

인안나 신전은 탄생과 죽음 그리고 결혼이라는 중요의례를 담당하고 있었다. 그래서 인안나가 있는 우르가 '나라의 분만실'이 된 것이다. 마치 삼신할미가 아이를 점지해주듯, 인안나 신전은 탄생과 죽음 그리고 신성한 결혼의식을 주관하는 중요 신전이 되었다.

탄생은 저승의 에너지를 가지고 이승으로 들어오는 문이 열리는 순간이고, 죽음은 이승의 에너지를 가지고 저승으로 들어가는 문이 열리는 순간이다.

탄생과 죽음을 통해서 이승과 저승의 에너지가 교환되고 서로가 서로에게 에너지원이 되어 돌아가는 무한동력시스템이다. 그리고 결혼은 여신과 남신이 만나 서로 소통하는 즉 하늘과 땅이 인간을 통해 나타남을 알려준다. 그래서 인안나 신전은 차원의 문(門)이기도 하다. 이승과 저승을 연결하는 문이요, 여신과 남신이 만나는 문이다.

신성한 의식은 금기가 뒤따른다. 신성한 의식에 삿된 기운이 침투되면 바로 왜곡이 생기기 때문이다. 길가메시가 등극하면서 여신의 지위는 바닥으로 내려갔고, 여신과 남신이 서로 존중으로 만나던 의식은 신성한 힘이 빠진 형식상 의례가 되었다. 여인과 아이들은 외계신에게 바쳐지는 제물로, 자신의 몸과 의식을 내어주어야 했다.

이때부터 수많은 왜곡이 들어갔고, 길가메시와 세미라미스는 신의 자리에 올랐다. 길가메시는 왕으로, 세미라미스는 하늘의 여왕으로, 인안나와 두무지의 역할을 뒤집어썼다. 그래서 길가메시와 세미라미스는 외계 존재와 더불어 삼신을 만들었다. 영원한 아버지 자리에 외계신이

앉고, 신의 아들 자리에는 길가메시, 그리고 성육신의 어머니 자리에는 세미라미스가 앉는다.

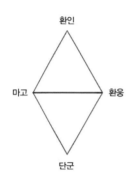

원래는 영원한 아버지 자리에 환인, 신의 아들 자리엔 환웅, 성육신된 어머니 자리에는 마고가 위치하여 바른 삼각형을 만든다. 이 힘이 물질로 내려오면 물질 아버지 자리에 환웅, 물질 어머니 자리에 마고, 그리고 이 둘을 통합하는 단군이 역삼각형을 만든다.

니므롯이 죽은 후, 니므롯의 가족들에 의해서 니므롯은 마르둑 신으로 화했다. 고대 갈대아인들이 세운 모든 나라의 왕들은 인안나의 지지가 아니라 마르둑 신에게 인정을 받아야 권위가 인정되었다.

유대인 역사가 요세푸스(Josephus)는 길가메시(니므롯)에 대해 이렇게 기록하고 있다.

"그때 사람들을 자극하여 하느님을 그토록 모욕하고 경멸하게 한 자는 니므롯이었다. 그는 노아의 아들 함의 손자로서 엄청난 힘을 가진 용사였다. 그는 사람들이 하느님 때문이 아니라 니므롯 자신 때문에 행복을 누린다고 설득했고, 차츰 사람들 위에 절대자로 군림하기 시작했다. 그는 또한, 하느님이 만일 세상을 다시 물에 잠기게 하려 한다면, 하느님께 보복하겠다고 말했다. 그래서 그는 물이 미치지 못할 만큼 높은 탑을 쌓아 자기 선조들을 멸하신 하느님께 보복하려고 했다."

08 무의 마음 어머니 마음 (무의 서사시)

1

우주를 품에 안아
지구를 품에 안아
세상을 품에 안아
어머니 마음이 곧 무요,
무의 마음이 곧 어머니 마음이니…

무인들은 알고 있었다.
올 때와 떠날 때를
들 때와 날 때를 분명히 알고 있던 존재들이다.

하늘의 마음을 알고
땅의 순리를 알기에
자연과 더불어 사는 방법을 아는 자라…

조화로움 속에
들어오고 나감을 알고
떠나야 할 때와 들어올 때를 알고 있던 자들이라

지구와 하나 되어
지구를 지키는 수호자였으니,
돌고래와 노래하고
아름다운 율려 소리로
창조를 하는 자들이었으니
조화로운 에너지를 창조하더라.

어머니 지구와 하나였던
어머니 나라 무인들은
우주 어머니 마음을 알고 있었다.
온 우주를 품에 안는
어머니의 마음으로
이 지구를 품에 안았으니
여기가 바로
어머니 품이었던 '무'이더라.

창조여신이 노래 부르는 곳,
자연과 더불어 함께 행복한 곳,
여기가 바로 '무'이더라…
지구 전체가 '무'이더라…
어머니 나라 '무'에서
지구 최초문명이 시작되었다.

2

우주의 흐름인가, 어둠의 시작인가,
창조여신이 노래 부르던 그 터전
율려가 춤추던 그 벌판은 사라지고
떠나갈 때가 다가왔음을 예감했던 그들은

문을 닫았다.
됐다, 이제 떠나라…
처음부터 다시 시작한다.

3

오랜 시간이 흘러
기억조차 잊힐 무렵
님이 내려오셨다.
우주의 중심에서 지구로
기다리던 님이 오시니
지구에 꽃이 피고, 물이 흐르고
겨울이 가고 봄이 오니
아름다운 율려가 흘렀다.
새로운 지구의 틀을 바로 세우니
이게 바로 천국인가
님과 함께 춤을 추며
님과 함께 노래하던 그 시절도 잠시,

님은 [떠][났][다]

멀리…
다시 돌아오겠다는 기약을 남기고
먼 길 아리랑고개 너머로…
해가 뜨는 동쪽으로…

아무리 기다려도
님은 돌아오지 않았다.
원망과 이별의 아픔을 간직한 채
오랜 시간이 흘렀다.
오지 않을 님을 기다리며
마음을 [닫][았][다]

4

지구에 여신의 에너지 거두어지고
남신의 에너지 가득 메웠으니
전쟁의 기운이 흘렀다.
서로가 서로를 죽이고

기억을 닫고
눈을 감고
귀를 막고

이제 아무것도 보이지도 들리지도 않으니
내 안의 검이 도대체 누구를 치고 있었던가!

숨고 또 숨었다.
깊고 깊은 곳으로…

마고의 후예
무인들은 다시 지구에 태어났고
지구와 함께 춤추고 노래하던 창조여신에너지는

어느덧
남자를 위해 춤추고 노래하였다.
남자를 위해 눈물 흘리고 희생해야 했다

그들은
어둠의 시절에 다시 태어나
신을 위해 몸과 마음을 바치다가
왕을 위해 몸과 마음을 바치다가
남자를 위해 몸과 마음을 바치다가
찢기고 찢겨진 몸과 마음은
한으로 남아
지구에 한의 에너지를 만들었으니

여신을 정부로
여신을 마녀로

여신을 기생으로
여신을 창녀로
여신을 위안부로

이 땅에 떨어졌다
꽃이 떨어졌다

5

이제 되돌리려 한다.
여신의 에너지
이 땅 위에
지구 어머니와 함께
노래하고 춤추며, 꽃향기 날리우던 그 시절로
다시 되돌리려 한다.

세상을 품고
지구를 품고
우주를 품고

이 땅 위에 뿌려졌던 한의 에너지
그 눈물, 그 한, 그 아픔
이제 거두려 한다.

6

미안해하지 마세요.
눈물 흘리지 마세요.
당신은 사랑입니다.

이 땅에 한을 거두어줄 사랑입니다.
당신의 사랑이
이 땅에 눈물을 거두어들입니다.

그 한이
계절을 막고
흐름을 막고 있었습니다.

어머니, 어머니에 어머니,
그 눈물, 그 한, 그 아픔
이제 거두어

봄철에 눈 녹듯
꽃피는 봄을 만들어
계절이 흐르고… 순리가 흐르는…

그런 세상을 만들겠다고,

약속합니다.

09 관념의 물질시스템, 매트릭스

매트릭스 밖의 환웅, 매트릭스의 여주 마고

환웅과 마고는 매트릭스를 벗어날 때 비로소 만날 수 있다. 환웅 치우 시절 동과 서를 분리하였을 때, 정신은 동쪽, 물질은 서쪽으로 각자의 사명을 가지고 이동하게 된다. 이때 마고의 후예였던 여사제는 서쪽(유럽)으로 파견되어 본격적인 물질문명 속으로 들어가게 된다.

물질시스템은 인간의 관념이 만들어낸 매트릭스이다. 환웅은 관념을 초월한 매트릭스 밖의 존재이다. 환웅의 에너지는 물질 시스템 안으로 잘 환생하지 않지만, 매트릭스에 구멍이 날 때 간혹 등장하곤 한다. 매트릭스에 구멍이 난다는 것은 견고한 관념의 막이 붕괴되는 것을 뜻한다. 새로운 흐름이 필요할 때 혈 자리에 침을 놓듯, 환웅의 에너지는 네오와 같이 등장한다. 어둠이 극을 쳐서 빛과 어둠의 균형이 맞지 않을 때 빛을 수호하는 미카엘처럼 등장한다.

반면에 마고는 매트릭스 안의 오라클과 같은 존재로, 수많은 전생을 지구와 함께 해온 지구 안내자이자 지구 어머니이다. 그래서 마고는 매트릭스 안과 밖을 연결하는 연결통로가 된다. 이를 동화처럼 표현하자면, 마고는 물질시스템이라는 성에 갇힌 여주이고, 환웅은 성 밖의 왕이다.

환웅은 매트릭스 밖에서 안으로 조여오고, 마고는 매트릭스 안에서 밖으로 향한다. 이것은 마치 거대한 충돌처럼 보이지만 남과 여가 만나기 위한 위험한 조우이다. 환웅은 밖에서 물질 매트릭스를 깨고 들어가 마고를 만나려 하나, 매트릭스 안에 있는 마고는 환웅이 자신을 죽이러 오는 것처럼 느껴진다.

반면에 마고는 밖으로 향하면서 매트릭스를 깨고 나가야 하기 때문에 환웅이 볼 때 마고가 자신을 공격하는 것처럼 느껴진다. 즉 둘의 만남은 서로를 공격하는 것처럼 보이는 아이러니를 품고 있다. 여기에서 본성의 힘을 믿지 않으면, 서로 죽일 수밖에 없는 형국으로 치닫게 된다. 그래서 환웅과 마고의 만남은 위험한 도박이다.

왕(환웅)은 매트릭스 밖에 있고, 여주(마고)는 동과 서가 분리되면서 물질시스템이라는 매트릭스 안에 파견된 핵심존재이다. 왕과 여주의 만남은 수많은 저항을 뚫고 본성과 본성이 만나는 하나의 의식이며, 이것은 매우 중요한 시크릿 중의 하나이다.

남과 북의 만남은 환웅과 마고의 만남

환웅과 마고의 만남은 곧 남과 북의 만남이기도 하다. 북방계의 환웅과 남방계의 마고, 북한에 대입되는 환웅과 남한에 대입되는 마고.

북한은 현재 물질시스템과는 동떨어진 매트릭스밖에 존재한다. 마치 세계화 속에 둘러쳐져 고립된 것처럼 보이지만 물질시스템 밖에 있는 환웅의 역할과 비슷하다. 남한은 물질시스템 안에 들어가 있는 형국이다. 남과 북이 통일하는 것은 환웅과 마고가 소통하는 것만큼이나 어렵다. 서로의 액션에 서로를 공격하는 액션으로 비춰지기도 한다.

물질시스템의 눈으로 보면 환웅이 고립된 성에 갇혀있는 것처럼 보이고, 시스템 밖의 눈으로 보면 공주가 고립된 성에 갇혀있는 것처럼 보인다.

남한의 물질시스템을 바탕으로 북한으로 들어가려면 북한은 그것을 공격으로 받아들이고, 북한이 북한의 사상을 가지고 남한으로 들어오려 하면 남한은 그것을 공격으로 받아들인다. 그래서 남한과 북한이 각자 자기방식으로 통일을 하려 한다면 충돌만 생길 뿐이다.

환웅과 마고의 만남처럼 서로의 본성으로 만나야만 통일을 할 수 있는 형국으로 흐른다. 이것이 아니라면 힘의 충돌밖에 생기지 않는다. 어느 한쪽의 방식도 아니고 시스템의 막이 거두어질 때, 비로소 남과 북이 만날 수 있다. 신부와 신랑이 만나 결혼하는 것처럼, 견우와 직녀의 상봉코드가 남북한 통일코드이다.

견우와 직녀는 은하수를 건너, 때가 되어 그냥 만나는 것이 아니라 수많은 까치, 까마귀들이 오작교를 놓아줄 때, 비로소 만날 수 있다. 수많은 까치와 까마귀는 우리들 각자 한 사람 한 사람의 마음이고, 이 마음이 오작교를 만들어 낼 것이다. 마음의 오작교를 통해 남북한의 이산가족이 만나듯, 남한의 영과 북한의 영이 만나게 되는 이치이다. 따라서 우리들 한 사람 한 사람이 에고적 관념의 성을 깨고, 본성에 눈을 뜰 때, 비로소 길이 보이게 될 것이다.

10 환인, 환웅, 마고는
세계 곳곳에 흔적을 남겼다

세계 곳곳에 뿌려진 신의 흔적 (환인, 환웅, 마고)

하늘에서 내려온 신이 지구라는 밭에 씨를 뿌릴 때, 지구의 아버지로
서의 역할을 했던 환웅!

환인의 뜻을 지구에 심어 놓았던 환웅은 세계 곳곳에 그 뜻을 알리
려 동서를 오가며 문명의 씨를 뿌렸다. 환웅은 지구의 아버지이자 지구
의 수호자이며 지구의 왕이었다. 차원의 막이 생기고 언어가 달라지면
서, 다른 이름 등으로 세계 곳곳에 알려졌다.

우주에서 지구로 들어올 때는 마고의 남편으로, 지구에 물질 옷을
입었을 때는 마고의 아들로 태어난다. 그래서 수많은 신화에 등장하는
여신의 남편이자 아들이 성립되는 이유이다. 오시리스와 이시스가 그러
하고, 두무지와 인안나가 그러하다.

환인의 뜻을 지구에 펼친 환웅은 왕에서 왕으로 정신을 이어갔고,
지구 어머니 마고의 정신은 여사제로 이어갔다. 환웅의 정신은 왕인 아

버지에서 아들로 전달되고, 마고의 정신은 여사제인 어머니에서 딸로 전달된다.

지구에 뜻과 진리를 세운 환인은 수메르에서는 아누, 가나안에서는 엘로 알려졌다. 지구에 문명의 씨앗을 뿌렸던 거발한 환웅은 이집트에서는 오시리스, 수메르에서는 두무지로 알려졌다. 또한, 문명의 황금기에 진정한 왕으로 등장했던 자오지 환웅(치우천왕)은 전쟁의 신이라 알려졌으며, 그리스에서는 제우스, 가나안에서는 바알로 알려졌다.

소뿔은 왕의 상징이다. 그래서 환웅 치우는 소뿔형상을 한 왕관을 쓰고, 외계 존재와의 전쟁을 벌였다.

지구 아버지 환웅은 북두칠성에서 내려온 우주인이고, 지구 어머니 마고는 지구의 본령이며 지구의 여주이다. 마고의 원래 고향은 직녀성이다. 환웅이 동일인물, 다른 이름으로 알려졌듯이, 지구 어머니인 마고도 동일인물, 다른 이름으로 숱하게 등장하였다. 페인트를 덧칠하듯, 이야기에 이야기가 덮어지면서 왜곡되어가고 덮어지면서 잊혀 갔다.

물질은 유한하다. 물질지구는 시간의 틀 속에서 만들어진 시스템이므로 시간이 지나면 지날수록 왜곡되고 변형된다. 바위가 파도와 바람에 따라 모양이 달라지듯, 물질은 본래의 원형 그대로 영원히 간직되지 못한다. 처음의 순수에너지를 유지시키기 위해서는 순수에센스만을 담아서 밀봉해 놓으면 된다. 마찬가지로 우리의 영혼은 세포 깊은 곳에 영혼의 순수에센스를 밀봉해 놓았다. 암호 또는 상징으로 담아놓고 그막 위에 에고라는 껍데기를 씌워놓았다.

우주 카르마 해원의 장소 '지구'

환웅은 환인의 분신이다. 환인이 먼저 내려와 지구에 기후를 조절하고 에너지 발판을 깔면, 환웅은 이를 물질화시킨다. 차원의 막이 생긴 이후부터 지구에 들어오려는 존재들은 지구 어머니 태(胎)를 통해 지구 물질 옷을 입어야만 한다.

지구원소로 만들어진 물질 옷에 영혼이 스미듯 그렇게 입식을 한다. 간혹 태를 거치지 않고 워크인하는 존재들도 있다. 마고가 받아들인 별은 북두칠성이었다. 그런데 다른 외계 존재들도 지구여신의 태(胎)의 문이 열렸을 때 함께 들어왔고, 자신들의 카르마를 고스란히 지구에 뿌려 놓게 된다. 이것은 우리의 카르마가 부모로부터 유전되어 내려옴을 뜻한다.

우리는 각자 자신의 카르마를 넘어야 하며 이 카르마를 넘지 못하면 또 다른 지구와 같은 별에서 다시 카르마를 겪어야 한다. 그래서 창조주는 이번 판에 모든 카르마를 해원하도록 설계해 놓았다.

우주의 카르마를 지구로 들여와 지구에서 카르마를 끝내고 해원을 하려 한다. 그래서 수많은 우주 존재들이 지구시스템으로 들어왔고, 그 중에서도 우리 한반도에 각각의 우주 카르마들이 집중해 있다.

수많은 성자를 비롯하여 빛과 어둠의 역할을 맡은 존재들이 모두 물질 옷을 입고 화하여 내려와 있는 이유이기도 하다. 이번 판에 끝내지 않으면 소멸이다. 우주는 한 톨의 자비도 없이 나누었던 분신들을 거두어들이고 새롭게 거듭날 것이다. 죽든가 새로 탄생하든가…

　여기에는 한치의 동정심도, 자비심도, 인간적 감정이란 것도, 존재하지 않는다. 그저 태양은 뜨고 지고, 별이 탄생하고 죽듯, 세포가 죽고 다시 태어나듯, 큰 우주적 틀에서 보면 우리는 먼지보다도 작은 미물에 불과하다. 그럼에도 불구하고 그 안에 불씨처럼 남아있는 창조주의 불꽃이 존재한다. 어둠 속에 촛불과 같이 미약하지만 하나하나 촛불이 켜지면 거대한 광명의 빛으로 태양처럼 떠오를 것이다. 이것이 바로 '부활'이다.

11 문명의 시초 '환웅'

각자에게 주어진 미션은 무엇인가?

우주에 존재하는 모든 것은 존재의의를 가지고 있다. 지구란 별은 특수한 별이며 특수한 임무를 부여받은 실험행성이다. 따라서 지구에, 그리고 이 한반도에 태어났다는 것은 어떤 목적 혹은 사명을 띠고 태어난 영혼이라는 뜻이다.

한민족은 문명의 시작점과 끝점을 잇는 중요한 역할을 부여받고 있다. 그러나 우리는 오랜 세월 카르마의 수레바퀴에 갇히면서 물질시스템에 붙잡힌 영혼이 되었다. 마치 기억상실증에 걸린 환자처럼 망각 속으로 빠져들었다. 자신이 누구인지도 모른 채…

드라마의 결론은 모를 때 더욱 심취되고 빠져드는 것처럼, 혹은 운동경기의 승패를 모른 채 경기를 치를 때 더욱 극적이고 드라마틱한 상황이 연출되는 것처럼, 우리는 각자의 정체성을 잊은 채로 끝나지 않은 게임을 계속 치르고 있다. 알고 하는 것과 모르고 하는 것의 차이는 천지 차이다. 각자 자신에게 주어진 역할 혹은 자신에게 맡겨진 미션이 무엇인지도 모른 채, 자신의 시나리오대로, 자신의 DNA에 새겨져 있는 채로 움직이며, 카르마의 법칙대로 흘러간다.

이 게임은 서로 간에 연결된 카르마의 고리를 잘라야 끝이 난다. 이 시스템은 하나의 잘 짜진 극본이다. 인류 의식상승을 위한 장치였다는 것을 깨달을 때, 비로소 자신을 감싸고 있던 시스템의 막이 거두어진다. 따라서 자신에게 새겨진 주홍글씨와 같은 카르마를 뛰어넘는다는 것은 연어가 거친 물살을 가르고 높은 곳으로 오르는 것처럼 힘든 여정이기도 하다.

우리들 각자 DNA속에 담긴 미션은 어느 방향으로 나아가는가? 상생인가? 파괴인가?

환웅시대를 끝으로 지구의 역사는 분열과 분리의 길을 걸어왔고, 이제는 유턴하여 통합의 길로 들어섰다. 주고받음의 계산이 거의 끝나고 있다. 더도 말고 덜도 말고, 준 만큼 되돌려 받고, 받은 만큼 되돌려주어 0으로 만들고, 새롭게 다시 시작해야 하는 시점에 다다랐다.

시작점과 끝점의 핵심 키를 쥐고 있는 한민족과 유대인

지구의 역사든, 우주의 역사든 간에 역사를 나열하고 외우는 것보다 더 중요한 것은 그 속에 담긴 정신과 그 의미 그리고 그것을 통해서 무엇을 느끼고 무엇을 배우는가에 대한 본질적인 질문이다.

치우천왕을 이야기하는 것도 단순한 역사적인 나열이 아닌 그 속에 담긴 치우의 정신을 찾아보고, 더 나아가 우리 한민족이 짊어진 사명은 무엇이고 또 우리의 미래를 어떻게 만들어가야 하는지에 대해 고찰해보기 위함이다.

단순히 그때가 몇 년이냐, 그때의 이름이 무엇이냐, 사실이냐 아니냐의 논리에 얽매이다 보면 전체의 핵심 키를 빗겨나가고 문제의 본질을 놓친다. 우리는 그동안의 교육방식에서 나열식의 역사, 승자의 역사, 왜곡된 역사관 속에서 거짓된 관념, 세뇌된 관념으로 그들이 만들어놓은 장단에 춤추는 꼭두각시였다. 그것이 진실인양 내면의 진실은 버려둔 채로 관념이라는 포장지로 꽁꽁 묶어놓아 관념이 나인지 내가 관념인 지조차 구분할 수 없을 정도로 그 틀에 굳어져 버렸다.

지구라는 별에서 그것도 지구의 혈 자리인 한반도에 태어난 당신의 의미는 무엇인가?

문명의 시작점과 끝점을 연결하는 연결점에 한민족과 유대인이 있었다. 한민족은 감추어진 민족이요, 유대인은 방랑하는 민족이었다. 한민족은 정신, 유대인은 물질의 역할을 띄고 있다. 한민족과 유대인은 한(恨)의 집결체요, 아리랑의 주체이다.

문명의 시초 '아나톨리아'

문명의 신시를 연 환웅! 세 번째 문명에서야 비로소 하늘이 지구란 행성에 개입하게 되었다. 우주전쟁의 카르마는 지구로 고스란히 가져오게 되었고, 끝나지 않는 싸움의 중재역할로 북두칠성이 개입하게 되었다. 환웅의 에너지란 북두칠성 고유에너지를 말한다. 각각의 환웅은 북두칠성의 기운 줄을 가진 환웅의 분신개념으로, 각각의 개체성을 띄고 있다.

지구의 혈 자리인 한반도만큼이나 중요한 지역이 바로 "아나톨리아" 지역이다. 아나톨리아 지역은 현재 터키반도 지역이다. 아라랏트 산[40]을 중심으로 터키와 그루지아, 아르메니아 등 분쟁이 끊이지 않는 유럽과 아시아가 맞닿아 있는 고대 오리엔트 지역으로, 지구의 중요한 볼텍스 중 하나이다.

아나톨리아란 고대 그리스어의 '아나톨리코스'에서 나온 말로, '해 뜨는 곳', 즉 '동방'이란 뜻이다. 그 지역의 가장 높은 만년설을 간직한 산이 바로 아라랏트 산이다.

아라랏트란, 유대인식 발음으로 [우라루트]라고 하며, 아시리아어로 [산지 혹은 높은 지역]이라는 뜻이다. 이곳 아나톨리아 지역을 지배했던 우라루트인, 프리기아인 등은 이름난 금속세공인들이며, 이곳은 고

---

40 노아의 방주가 묻혀있다는 산이다.

대 금속세공의 중심지이기도 하다.

아나톨리아 지역 중에서도 동아나톨리아, 즉 아라랏트 산이 있는 곳을 중심으로 위로는 카프카스 산맥이 있어서 아시아와 유럽으로 나눠진다. 위로는 북방계민족이 아래로는 남방계 민족이 위치하며, 마치 하늘의 은하수를 가져다 놓은 듯이 남과 북을 가르는 산맥이 바로 카프카스 산맥이다.

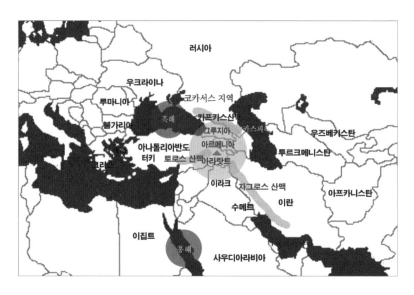

위로는 흑해가, 아래로는 홍해가 있으며 세 개의 산맥이 맞닿아 있다. 유럽과 중앙아시아를 횡으로 긋는 카프카스 산맥과 이란의 자그로스 산맥, 터키의 토로스 산맥이 어우러져 있는 곳으로, 아라랏트 산을 중심으로 산맥들이 이어져 있다. 또한, 카프카스 산맥 너머는 아슈케나지 유대인들의 고향인 하자르[41]왕국이 있다. 고대에 이곳 아나톨리아 지역에는 과거 유대인들이 많이 살고 있었다.

삼성기에 보면 환웅이 처음 지구에 내려올 때, 흑수와 백산 사이에 내려왔다고 한다. 나는 그곳을 흑해와 아라랏트 산의 근처 지역으로 본다. 이곳은 힘이 충돌하는 분쟁지역이자 중요 포탈지역이다. 남한과 북한의 38선처럼 힘이 충돌하는 지점이기에 중요 볼텍스로 작용할 수밖에 없다.

흑해와 카스피해 사이의 카프카스 지역은 아리안족의 발상지이며, 코카서스인종의 발상지이다. 또한, 노아의 방주가 머문 곳도 이곳 아나톨리아 지역의 아라랏트 산이다.

아나톨리아 지역은 수많은 나라가 세워지고 무너졌다. 이곳은 여러 인종과 종교가 혼합되어 있는 지역이며, 동서를 잇는 다리역할을 해왔다.

지리적인 요건으로 수많은 분쟁의 중심지가 되었던 아나톨리아 지역은 문명이 충돌하는 지역이다. 또한, 기후적, 환경적 요인에 의해 문명을 반으로 가르는 중심점이기도 하며 서양으로 들어가는 관문이다. 환웅시대에는 아나톨리아를 중심으로 동서남북이 나뉘게 된다.

아나톨리아 지역은 현재 터키지역이며, 이곳은 무슬림[42]들이 대거 들

---

41 7세기부터 10세기에 걸쳐 카스피 해의 북쪽에서 거주했던 투르크계 민족으로, 유대교를 국교로 삼았다고도 한다. 지배층은 투르크계라고 추측되며 교역활동을 통해서 번영했다.

42 이슬람교도를 말한다, 알라에게 절대적으로 귀의한 사람들이라는 뜻이다.

어와 있다. 현재 아나톨리아에는 과거 아나톨리아의 기운이 없다. 이것은 마치 이집트에 이집트 기운이 없는 것과 마찬가지다. 이집트의 기운은 프랑스로 넘어갔고, 이집트는 껍데기만 남아있는 지역이 되었다. 이집트의 신들은 모두 프리메이슨에 의해 프랑스로 옮겨졌고, 프랑스는 이집트 신들의 본거지가 되었다. 또한, 현재 무슬림이 치고 들어온 지역은 과거 고대의 기운 줄이 끊긴 껍데기 지역이며, 알라신으로 모든 것이 대체되었다.

다시 환웅 시절로 돌아가서, 아나톨리아 지역은 환웅이 처음 내려온 지역이기도 하다. 치우 때에 이르러 도읍을 청구로 이동하면서 서쪽의 지역을 치우의 그리드망에서 잘라낸다. 그 지역 중에 한 지역이 아나톨리아 지역이다. 이 지역은 인안나에게 맡겨진 연방 지역이었다. 이곳이 바로 수메르 문헌에 나오는 아라타 지역이기도 하다.

아라타 지역은 고대 수메르의 도시로, 부유한 도시였다. 산지이고 돌과 금속, 그리고 기술자와 공예가가 있는 지역으로 유명하였다. 또한, 금과 은이 풍부한 지역으로, 라피스즐리(청금석)가 많이 생산되었다. 광물 자원이 풍부한 이곳에 고대 치우의 철기보급소가 있었을 것으로 본다.

아래의 그림에서 보면 북쪽으로 흑해가, 남쪽으로 홍해가 있다. 치우는 청구로 도읍을 옮겼다고 한다. 음양오행으로 살펴보면 북쪽은 (玄)흑색, 남쪽은 (朱)적색, 동쪽은 (靑)청색, 서쪽은 (白)백색을 나타낸다. 청구란 아나톨리아를 기준으로 동쪽 지역에 해당된다.

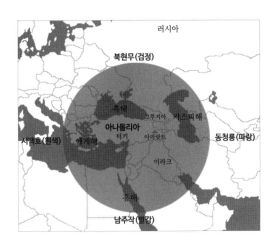

삼성기 상편의 기록에 보면, "신시 말기에 치우천왕이 청구를 개척하여 넓혔다."라고 나온다. 여기에서 청구란 동쪽 땅을 말한다.

치우천왕은 당시에 훗날의 기후변화를 예측하고, 하늘의 큰 뜻을 위해 동쪽으로 이동해야 했다. 아라타의 여주였던 인안나도 엔메르카르[43]에 의해 수메르의 우르크 지역으로 들어가 그곳의 여주가 된다.

---

43 우르크의 건설자로 에안나에서 왕좌를 가지고 왔다. 즉 아라타에 있던 인안나를 우르크
    로 모셔온다.

12 에덴의 땅, 아라타 그리고 아틀란티스

에덴의 땅 아라타

인안나에게 맨 처음 주어진 아라타[44] 땅은 금과 은 청금석(라피스라줄리)의 자원이 풍부한 지역이었다. 인안나의 색상은 바다색을 닮은 파랑색이고, 치우의 색상은 태양을 닮은 빨강색이다. 실제로 인안나 신전은 파란색의 신전이었으며, 목에 거는 목걸이는 라피스라줄리의 푸른빛 돌이었다.

아라타 지역은 아라랏산 근처 지역으로, 아랏산(아랏+산)근처의 땅인 아랏타(아랏+타[땅]) 지역을 뜻한다. 아담과 이브의 에덴동산이 있었던 지역으로 알려졌으며, 노아의 방주가 머물렀다는 전설이 내려오는 곳도 아라타 지방 근처이다. 이 아라타 지역은 아르메니아와 터키 그리고

---

44 아라타는 수메르의 고대도시이다.(BC 2500-2100) 돌과 금속, 그리고 기술자와 공예가로 유명하였으며 은과 금의 근원지였다.

이란 등 여러 나라의 경계선으로 에너지 충돌의 지점이기도 하다. 또한, 중앙아시아로 뻗어나갈 수 있는 요충지이기도 하며, 수많은 나라들이 이곳을 점령하고자 하였다. 환웅 시절 서쪽의 그리드망을 끊고 이동을 하자, 아틀란티스 때 살아남은 존재들이 에게해를 통해 이곳 아라타 지방까지 들어오게 된다.

• 왜 서쪽 그리드망을 잘랐는가?

치우천왕 말기 무렵, 환인의 뜻은 오랜 우주의 카르마를 종결시키고자 지구에 우주 카르마를 들여오고자 했다. 지구에서 그 문제를 풀기 위한 하나의 거대한 드라마가 실현될 것임을 알려주었다. 이때 치우는 청구로 도읍을 이동하면서 서쪽 지역을 그리드망에서 잘라내게 된다.

이 무렵 인안나도 엔메르카르[45]의 도움으로, 우르크 지방의 에안나[46] 신전으로 이전하게 되었다. 그리고 수메르 서사시에 나오는 〈엔메르카르와 아라타〉[47]의 전쟁 이야기가 생기게 된다.

그 이야기는 인안나가 에안나로 왔으니, 신전을 치장할 금, 은, 보석 등의 공물을 보내라고 하는데서 이야기가 펼쳐진다. 아라타 지역은 인안나의 에너지권에서도 벗어나고 치우의 에너지권에서도 벗어나자, 에

---

45 우르크의 건설자

46 우루크의 지구라트로, 인안나 여신을 기념하여 지어졌다.

47 우루크의 왕 엔메르카르와 아라타의 무명왕 사이의 다툼으로, 인안나 여신이 에안나 신전으로 왔으니 신전을 위해 조공을 바칠 것을 요구하는 내용의 이야기이다.

게해 근처에 머물고 있던 아틀란티스인들이 아나톨리아[48] 지역으로 스물스물 들어오게 된다.

아담과 이브는 아틀란티스 복제인간이다

서양백인은 물질문명의 판을 깔도록 세팅된 역할을 부여받고 창조되었다. 동양인의 아젠다와 서양인의 역할과 아젠다는 서로 다르다. 문명이 최초 시작될 때부터 예견되었던 일이기도 하다. 치우천왕이 서쪽의 지역을 내어주게 된 것은 우주적 차원의 큰 뜻이 담겨있던 결정이었다.

치우천왕의 질서 속에서는 타의 에너지가 절대 들어올 수 없었다. 타의 에너지가 들어온다는 것은 자기 주권을 내어준다는 것이다. 자기 주권을 내어줌은 죽음과도 같았기에 치우천왕의 백성들은 절대 자기의식을 내어주지 않았다. 대신 곪은 곳을 잘라내듯, 서쪽 지역을 떼어내 주게 된다.

우주 카르마의 개입은 서쪽에서 진행되었다. 외계종족들은 아틀란티스 후예인 백인 몸을 타고 들어오게 된다. 이들 백인은 큰 키에 금발머리, 덥수룩한 털에 파란 눈의 인간형이다. 고대 아틀란티스[49]에서 복제되어 만들어진 실험종족이었다. 한마디로, 백인은 우주 카르마를 들여

---

48 터키 반도

49 아틀란티스는 플라톤 저서에 등장하는 국가이다. 플라톤에 따르면 아틀란티스는 "헤라클레스의 기둥 앞에" 위치한 해상 국가로, 솔론 시대에서 9,000년 전에 혹은 약 기원전 9,600년경에 서유럽과 아프리카의 여러 지역을 정복했다고 한다. 아틀란티스는 대서양 한 가운데 자리 잡고 있었다고 전해진다.

오기 위해 만들어진 종족이었다.

　우주로부터 들어온 우주 카르마는 아나톨리아 지역으로 퍼지기 시작했다. 이 시기에 아라타 지역에 살던 순수 아리안인들은 남쪽으로 이동하기 시작했다. 순수 아리안인들은 점점 남하하여 페르시아 지역에 머무르게 된다. 그리고 이곳 아라타 지역에서 아담과 이브의 이야기가 시작된다.

　아담과 이브 이야기는 인류가 최초로 창조된 이야기라기보다는 우주적 카르마 입식 이야기로 볼 수 있다. 또한, 아담과 이브의 이야기는 짐승 상태의 엔키두를 인간화시킨 이야기 모티브와 유사하다.

　에덴동산에 머물던 아담과 이브, 그리고 에덴동산에 있던 선악과… 뱀은 이브를 유혹하여 선악과를 먹으면 눈이 밝아지고 하나님과 같이 될 수 있다고 했다. 이 말은 곧 정보의 입식이기도 하며 카르마의 받아들임이기도 하다.

　선악과는 카르마의 기억이다. 기억의 주입으로 말미암아 급격한 의식 상승은 할 수 있을지 모르나, 새로운 카르마 업을 이어받는다는 뜻이다. 아담과 이브는 에덴동산에서 쫓겨난 뒤 물질시스템의 카르마 속으로 들어가게 된다. 아담은 노동을 해야 했고, 이브는 출산을 해야만 했다.

　에덴동산이 있던 아라타 지역은 아틀란티스인들이 들어와 특별한 실험을 진행하였다. 즉 복제에 의해 탄생된 백인종족에 대한 실험이었다. 새롭게 복제된 인간의 의식 속에 우주 카르마를 주입한 뒤, 에덴동산에서 내보내어 확장시키는 역할이었다. 이렇게 해서 만들어진 최초의 백인 아담과 이브는 에덴동산에서 나와 물질시스템에서 새로운 생활을 하게 된다. 아담과 이브는 자신들에게 주입된 카르마를 간직한 채, 서쪽 지역에서 새로운 역사를 이어가게 된다.

길가메시 서사시에 나오는 엔키두도 바로 복제된 아틀란티스인이다. 엔키두는 야생적이고 난폭하고 거칠었다고 표현되었다. 그는 여자에 의해 길들여지면서 사람이 되었다. 서양인이 고대에는 짐승과 같이 야생적인 상태였으나 점점 의식적으로 길들여지게 되었다.

원래 아라타 지역에 살던 아리안인들은 수메르인과 유사한 동양인에 가까운 얼굴이었으나 점차 백인과 혼혈이 되면서 지금의 이란인의 얼굴이 되어갔다.

히틀러가 이야기한 아리안족은 백인의 큰 키에 금발머리 그리고 파란 눈동자를 가지고 있는 종족을 아리안족으로 보았으나 이는 고대 아틀란티스인에 의해 복제된 인간이다.

17~18세기부터 유럽인들은 세계지배를 위한 무대를 세팅하기 위해 본격적인 등장을 하기 시작하였고, 자신들의 뿌리 찾기에 혈안이 되어 있었다. 유럽의 뿌리는 고대 로마 시대로 거슬러 올라가지만, 순수 백인이 세상에 등장한 것은 길가메시 서사시에 등장하는 엔키두가 최초 백인에 해당된다. 짐승과 같았던 엔키두는 길가메시가 보낸 매춘부와 7일 밤낮을 함께 지내면서 머리털을 제외한 모든 털이 빠졌고 인간화가

되었다. 엔키두는 길가메시와의 싸움에서 진 뒤 길가메시와 친구가 된 인물이다.

대서양에 위치하던 고대 아틀란티스 문명이 멸망할 당시, 살아남은 아틀란티스인들은 아메리카와 지중해 일대로 들어오게 되었다. 지중해 출입구인 스페인이 남미를 점령한 것도 카르마의 연줄이 이어진 것이며, 아틀란티스가 물질문명과 과학기술이 발전했던 것처럼 서구문명도 물질문명이 발전하게 되었다.

아라타 지역이 뚫렸다는 것은 아담과 이브가 뱀의 유혹에 넘어가 의식을 내어준 것이다. 외계의식은 아라타 지역을 통해서 유입되기 시작했으며 우주의 카르마가 아라타 지역으로 들어오기 시작했다. 이렇게 유입된 우주 카르마는 동유럽, 러시아, 중국 등으로 퍼져나가기 시작했으며, 이 의식이 퍼져나갈수록 북두칠성의 피를 이어받은 한민족은 계속 동쪽으로 이주하게 된다.

Chapter 03

미치지 않고서는
세상을 바꿀 수 없다

예(禮)와 미(美)란, 진리에 이르는 도구이다.

미는 지혜 속에서 아름답게 꽃피고, 예는 도(道)로서 표현된다.

예(禮)는 통일성에 이르고자 하는 1의 표현이요,

미(美)는 다양성을 나타내는 2의 표현이다.

예는 검으로 상징되고, 미는 횃불로 상징된다.

검은 분별의 힘으로 자르는 것이고, 횃불은 빛을 밝히는 것이다.

01 별들의 전쟁 (제타와 아눈나키)

행성 카르마를 물려받은 지구별

부모 대에서 풀지 못한 카르마는 자식에게 대물림이 된다. 부모의 카르마를 물려받은 2대가 카르마를 청산하지 못하면 이 카르마는 고스란히 3대에게 또다시 대물림된다. 물질적 유산을 받듯 영적인 유산도 물려받는다.

카르마란 우주의 상처와 같은 것이다. 준 만큼 되돌려 받고 받은 만큼 되돌려주는 작용—반작용 법칙이다. (+)와 (−)가 (0)이 될 때 비로소 카르마가 소멸이 된다. 카르마는 인연을 통해 주고 받는다.

우주의 카르마도 풀지 못하면 다른 행성으로 이전되고, 끝없는 카르마 전쟁을 반복하면서 서로가 서로를 죽인다. 파괴의 에너지는 행성을 점점 죽게 만든다. 이를 해결하기 위해 카르마의 실험장으로 선택된 곳이 바로 우리 지구였다.

외계종족들이 지구에 들어온 것은 아주 오랜 옛날로 거슬러 올라간다. 오랜 옛날부터 그들은 우리 태양계에 들어왔으며 생명이 숨 쉬는 초록 별 지구에 많은 관심을 가지고 연구해왔다. 자연 발생적인 원시행성이었던 지구별에 외계종족이 들어오면서 지구는 급격한 문명의 발전을 가져오게 되었다.

우주의 카르마가 지구로 들어오다

사람의 몸에 암세포가 생기면 주변으로 암세포가 번지고, 전체 몸은 암세포에 의해 점령당하면서 결국에는 죽음에 이르게 된다. 마찬가지로 우주도 어둠의 바이러스가 전체 우주까지 퍼지게 되면 인간의 몸처럼 죽음에 이르게 된다.

우리 몸은 바이러스와 수많은 전쟁을 치른다. 그중에서 백혈구는 빛의 역할을 맡고, 외부에서 들어오는 바이러스는 어둠의 역할을 맡아서 치열하게 전쟁을 치른다. 지키려는 백혈구와 뺏으려는 바이러스 간에 전쟁을 치르듯 우주 또한, 우리 인체와 비슷하다.

이 끝나지 않는 빛과 어둠의 분극은 우주를 더욱 팽창시켰고, 결국엔 암세포를 도려내는 것처럼, 창조주의 심장인 중앙태양과 연결된 연결고리를 잘라내던가 아니면 행성의 수술이 들어가야만 했다. 빛과 어둠의 전투는 우주 전역에 퍼지게 되었고 걷잡을 수 없는 어둠은 이 우주를 점점 더 파괴해 나갔다.

우주를 전염시키던 어둠의 바이러스가 우리 태양계를 찾아 들어오게 되면서 태양계는 우주전쟁터로 바뀌게 되었다. 끝나지 않은 전쟁으로 하나의 행성이 폭파된 후에야 비로소 서로가 서로를 죽이고 있음을 깨닿게 되었다.

지구와 같은 실험행성이었던 오리온의 끝나지 않은 카르마는 태양계로 가져오게 되었고 이는 마치 부모와 자식 간의 카르마를 대물림하는 것처럼 지구에 이식되었다. 오리온은 또 그 이전의 행성으로부터 카르마가 이어져 왔다. 카르마를 받아들인다는 것은 대단한 모험이다. 카르마를 끊고 의식적인 상승을 이루든가, 아니면 그 소용돌이 속에서 죽어가던가 하는 모험을 치러야만 한다.

오리온 카르마는 곧 가해자와 피해자 그리고 저항하는 자의 카르마로 구분할 수 있다.[50] 이 끝나지 않은 전쟁은 지구에서도 끊임없이 서로를 정복하려 하고 지배하려는 속성으로 이어져 왔고, 또 우리의 역사에서도 수없이 반복되어 내려왔다.

지구별에 직접 개입한 환인과 환웅

약 1만여 년 전에 일어났던 지구 격변은 지구별의 대청소였다. 끝나지 않은 우주적 카르마를 종결짓기 위해 지구란 별이 새롭게 세팅되었다.
지구 대격변이 끝나고 빙하가 녹기 시작하면서, 북두칠성은 지구에 직접적인 개입을 하게 된다. 학생들 싸움에 선생님이 나타나면 싸움이 종결되듯이, 우주의 질서 주재자인 북두칠성이 본격적인 카르마에 개

---

50 이 부분은 The prism of lyra에서 참고하였다.

입하는 초유의 사건이 일어난 것이다. 북두칠성은 마치 암행어사처럼 등장했기 때문에 외계종족들에게 알려진 바가 별로 없다.

어둠의 확장을 종식시키고, 빛을 뿌리기 위해 우주의 절대자인 북극성 환인은 직접적으로 지구에 내려오게 되었다. 북극성을 수호하는 북두칠성 환웅과 더불어 지구의 판을 새롭게 정비하였다.

환인이 내려올 수 있도록 마고는 지구의 문을 닫고 대청소를 한 후, 북극성의 환인을 맞이하게 되었다. 환인의 아들 환웅으로 하여금 지구에 잘 안착할 수 있도록 안내를 하였던 이가 바로 지구여신 마고의 역할이었다.

마고여신이 마지막으로 지구의 문을 닫았던 때는 1만여 년 전, 아틀란티스와 레무리아[51]의 전쟁이 극에 달했을 때였다. 이때의 지구적 종말은 모든 외계종족들을 그들의 별로 돌아가게 만들었으며, 다시금 숨쉴 수 있는 지구별로 되돌려 놓았다.

빛과 어둠의 싸움 종결은 외부에서 개입하지 않는 한 끝나지 않을 확장만을 가져올 뿐이다. 이런 이유가 바로 북두칠성에서 지구에 직접적인 개입을 하게 된 이유이기도 하다. 무거워진 지구를 살리며 더불어 우주적 전쟁을 종결시키고 새롭게 재탄생 하기 위한 조치이며 우주의 차원 극점프를 위해서이다.

환인과 환웅의 개입으로 지구의 의식은 급격히 상승했으며, 문명은 급속도로 발전하게 되었다. 그리고 지구에 새로운 우주의 법이 들어오

---

51 무대륙이 멸망하고 살아남은 자들이 무를 복본한 문명

게 된다. 지구를 새롭게 세팅시켜 문명은 발전하였고 의식이 급성장을 이루자, 환웅시대 중반부터 우주의 존재들이 하나둘 지구로 들어오기 시작했다.

각자 자신들의 아젠다(해야할 일련의 일들)를 위해 들어온 우주 존재들은 자신들이 풀지 못한 문제에 대해 본격적인 연구를 시작하게 된다. 이들의 카르마가 지구에 입식되자 환웅은 서쪽 수메르 지역을 내어주게 된다. 갑자기 들어온 외계 존재들에 의한 우주적 바이러스의 확장을 저지하기 위해 치우 환웅의 그리드망은 전 세계로 펼쳐진 가운데 서쪽 지역을 잘라내게 된다. 이후 서쪽은 물질기반의 문명을 구축하게 되었고, 동쪽은 정신문명의 맥을 이어가게 된다. 이렇게 물질과 정신의 분리를 가져오게 되었고, 이때에 유대인과 한민족은 각자의 역할을 부여받게 된다.

아틀란티스와 레무리아의 전쟁

환인 이전의 지구는 크게 아틀란티스와 레무리아 두 대륙으로 나뉘어 문명을 발전시켰다. 아틀란티스는 외계종족의 과학 실험장으로 발전되었다. 그에 반에 레무리아는 정신을 추구하는 문명이었다. 레무리아 전에 태평양에 대륙으로 존재하던 무대륙은 자연발생적인 발전을 하고 있었다. 무대륙(Mu大陸)이 가라앉는 사건이 발생하자, 살아남은 자의 일부는 태평양의 섬에, 일부는 일본과 한반도로 들어오고, 일부는 인도양 부근으로 이동하여 무의 복본 즉 레무리아를 건설하게 된다. 태국, 인도, 네팔 등지에는 고대 레무리아의 흔적들이 남아있다.

검은 머리 사제집단인 마고의 후예는 한반도로 들어와 웅족과 호족이 되었다.

레무리아인들은 그 이전 무대륙(Mu大陸)이 멸망한 이유가 정신은 발달했으나 과학기술이 부족한 탓에 멸망한 것이라고 판단하여 레무리아는 외계종족을 끌어들여 과학기술을 진보시킨다. 레무리아와 아틀란티스는 서로 간의 경쟁 속에서 과학기술은 놀라울 정도로 발전하였으나 정신이 따라주지 않는 기술은 파괴를 초래하듯, 실험경쟁이 벌어졌고 급기야 핵전쟁에 이르렀다. 아틀란티스는 침몰이 되었고 레무리아도 일부 대륙만 남게 되었다. 이것이 지구의 마지막 격변 때의 일이다. 아틀란티스와 레무리아의 카르마는 2차 세계대전 중 미국과 일본의 태평양 전쟁으로 나타났다.

1, 2차 세계대전에 등장한 제타

역사가 반복되는 것은 카르마가 대대로 끝나지 않고 이어지기 때문에 비슷한 역사가 반복되는 것이다. 이 카르마를 청산하거나 고리를 잘라버리거나 하지 않는 한, 우리는 끝나지 않을 카르마의 수레바퀴를 돌 수밖에 없다. 카르마의 흔적은 또다시 우리의 기억 속에 파편처럼 지워지지 않는 흔적이 되어 수면으로 떠올라오고, 레무리아와 아틀란티스의 전쟁은 1, 2차 세계대전에서 또다시 반복되게 된다.

 레무리아 지역은 일본열도와 더불어 남방계 섬들, 인도네시아, 필리핀, 태국, 인도지역이 레무리아의 흔적이다. 아틀란티스는 멸망할 당시 북유럽 쪽으로 이동을 하게 된다. 레무리아와 아틀란티스의 전쟁은 외계 존재들이 지구에서 벌이는 우주전쟁이었고, 풀리지 않은 카르마는 고스란히 1, 2차 세계대전으로 넘어오게 되었다. 이 시기에 봉인되어있던 우주 카르마 에너지가 풀리게 된다.

 2차 세계대전은 크게 제타[52]와 아눈나키[53]의 전쟁으로 볼 수 있다. 제타의 세력들은 독일과 일본 쪽에 포진해 있었고, 아눈나키는 연합군과 미국에 포진되어 있었다. 결국 제타는 항복하게 되었고, 모든 기술을 아눈나키에게 넘겨주고 아눈나키와 상호 조약을 맺게 되었다. 이 조약은 미국과 일본의 관계와 유사하다. (독일과 일본은 비슷한 측면이 매우 많다. 기계적이고, 분석적이며, 실험적이다.)

 이들 제타 세력들은 18세기 무렵부터 본격적인 의식작업에 들어갔고 독일을 밀어주는 제타 세력은 독일에 과학기술과 더불어 수많은 의식 관련 영감(靈感)을 전송하였다. 이때에 수많은 종교, 철학 그리고 이데

---

52 채널링에서 제타는 오리온자리 부근의 제타 레티쿨란(Zeta Reticulan) 성계에서 왔다고 하여 "제타 레티큘리"라고도 불린다. 감정이 배제된 그레이 외계인으로 알려져 있다.

53 수메르 문서에는 '아눈나키'를 하늘에서 땅으로 내려온 사람들을 일컫는다. 인류를 창조한 신들로 숭배를 받았다고 전해지며, 길가메시에게 정보를 준 외계신들로 추정되며 그들의 별은 니비루로 알려져 있다.

올로기 등과 더불어 과학자, 기술자들이 대거 등장을 하게 되었고, 산업혁명과 같은 기술이 급격하게 발달하게 된다.

레무리아 복본과 인종실험

세계전쟁 당시, 일본이 점령하려던 지역은 고대 레무리아 지역을 아우른다. 과거 레무리아의 기억의 파편이 수면 위로 떠오르면서 일본에 있던 레무리아 종족과 제타 종족은 함께 연합하게 되었고, 고대의 땅들을 정복해 나가기 시작했다. 오키나와, 대만, 필리핀, 인도네시아 등 해양 남방지역을 아우른다. 그리고 한반도를 넘어 중국까지…

이 정복은 순수 레무리아의 사명이라기보다는 제타와의 조약에 의해 이루어지는 목적성이 내포된 정복전쟁이었다. 레무리아 복본의 배후세력에 제타가 들어가 있는 형국으로, 제타세력들의 핵심 아젠다는 인종실험과 자신들이 지구로 들어오기 위한 문(차원 간 에너지 문)을 만드는 데 있었다.

이 아젠다는 독일 제타와 일본 제타가 그 목적성이 유사하다. 독일의 제타 세력은 아틀란티스와 연대가 되어 있었고, 독일의 히틀러는 순수 혈통에 집착성을 보였다.

이들(일본과 독일)이 우생학 등 인종실험에 혈안이었던 이유는 제타인종이 지구로 들어오기 위한 몸체를 만들기 위함이었다. 만들어진 몸체에 정신을 주입시키는 방식으로 들어오며, 이들 제타의 기계적인 정신에 가장 적합한 몸은 기계적인 서양 백인들이었다.

따라서 히틀러와 나치세력은 동유럽인, 유대인, 흑인, 장애인 등을 인종청소 대상에 포함을 시켰고, 일본은 서양과의 혼혈로 자신들의 인종을 개조하려 하였으며, 두려움의 대상이었던 한민족 정신말살정책을 취하였다.

이들의 인종실험은 외계 존재의 개입에 의한 것들이었으며, 인간을 하나의 물질적 실험대상으로 보는 기계적인 습성이 보인다. 물질의 상징인 유대인(순수 유대인)은 독일에 의해 인종청소를 당했고, 정신의 상징인 한민족은 일본에 의해 정신을 말살 당했다.

일본 제타와 미국 아눈나키의 전쟁

일본 제타가 남방계를 잡아먹으면서 세력을 확장할 무렵, 독일 제타는 폴란드를 침공하여 러시아 쪽 즉 북방계로 진출하였다. 이렇게 독일 제타와 일본 제타는 세계를 하나의 단일 세계정부로 만들려 했다. 제타에 의해 지배되는 세상을 만들려 했으나, 지구의 지배세력으로 기득권을 형성해오던 아눈나키가 은하연합에 가입하게[54] 되면서 아눈나키는 새로운 행보를 걷게 되었다. 또 다른 신세계질서를 향한 움직임을 보이자, 미국과 일본은 태평양 전쟁을 벌이게 된다.

태평양은 과거 무대륙(Mu大陸)의 잔재가 남아있는 지역이다. 일본은

---

54 Planetary Activation Organization : PAO 쉘단 나이들의 메시지 참조

과거 카르마를 또다시 표면으로 끌어올렸다. 그 결과 미국에 의해 나가사키와 히로시마에 핵폭탄이 투하되게 된다. 과거 카르마의 반복이었다.

일본은 레무리아 전생의 기억이었고, 미국은 아틀란티스 전생의 기억이었다. 결국, 레무리아와 아틀란티스의 전쟁이 또다시 반복된 형국이었다.

일본이 독일과 연대할 수 있었던 이유는 제타의 아젠다가 비슷했기 때문이다. 제타가 자신들의 행성이 핵폭발로 쪼개졌던 전생의 기억을 지구에서 또다시 반복하였고 그 결과 일본 히로시마와 나가사키에 핵폭탄이 투하되었다.

제타종족의 핵에 대한 공포는 다른 외계종족보다 유별난 측면이 있다. 그래서 일본이 북한의 핵에 어떤 나라보다도 민감하게 반응하는 측면이 크다.

핵폭탄의 위협으로 나가사키지역에 또 한 번 핵폭탄을 맞는다면 일본 열도는 가라앉을지도 모른다. 이런 약점은 일본의 항복으로 이어졌고, 결국 일본의 제타세력은 아눈나키 세력과 연대를 하게 되었다.

아눈나키 세력이 힘을 키우기 시작한 때는 길가메시 시대로부터 시작된다. 이때부터 본격적인 지구의 지배세력으로 등장하였다. 이들 아눈나키는 또다시 니비루[55]가 등장할 즈음 그들이 쳐놓은 네트를 거두

---

55 수메르 신화에 등장하는 열두 번째 행성이다. 주기는 3,650년이며 태양계에 다가올 때 마다 대격변이 일어난다고고 전해진다. 인류학자 제카리아 시친의 저서 [수메르 혹은 신들의 고향]에 니비루 행성이 등장한다.

어야만 하는 역할을 가지고 있다. 아눈나키가 물러나는 시점에 제타세력들이 지구를 인터셉터 할 목적을 가지고 있었다. 그러나 아눈나키가 은하연합에 가입을 하면서 세력을 얻게 되자, 그들 계획은 수포로 돌아갔다. 제타는 서둘러 퇴거를 하였고, 일부 제타는 아눈나키와의 연대를 통해서 살길을 모색하고 있다. 이들 제타가 지구에 직접적인 개입을 하면서 과학기술은 급진적인 발전을 가져오게 되었다. (2차 세계대전이 끝난 후 퇴거하던 제타종족 중 하나가 미국 로즈웰에 추락하는 사건이 있었다.)

북두칠성은 마지막에 등장한다

그렇다면 북두칠성은 언제 등장하는가? 북두칠성은 마지막 주자로 뛰게 된다. 최초 신시를 연 것처럼 마지막을 장식하고 난 뒤, 변화된 지구에 최초의 신시를 열 것이다.

빛과 어둠의 싸움을 중재하고 심판자로서 북두칠성의 등장은 거대한 태양처럼 등장한다. 긴긴 어둠의 시간을 지나 동틀 무렵 가장 어두운 하늘에 한줄기 빛을 비추듯 태양처럼 떠오른다. 어둠의 무리에게는 자신을 죽이러 오는 저승사자처럼 보일 것이며, 빛의 무리에게는 새로운 지구문명을 건설할 빛의 사자가 등장하는 것처럼 보일 것이다. 북두칠성에서 온 환웅, 바로 치우천왕의 부활이다.

02 미치지 않고서는 세상을 바꿀 수 없다

현실적인 사람들은 물질 관념의 노예이다

현실적인 사람들은 주변으로부터 영적인 부분과 의식관련 이야기를 듣게 되면 처음엔 호기심 있게 듣다가 마지막에는 그러한 상황을 부정하거나 혹은 상대방을 과대망상자 혹은 정신병자로 취급하려 하는 경향이 있다. 이들이 받아들이고 허용하는 의식의 정보란, 세상이 잘 세팅해 놓은 물질시스템 속에서 만들어내는 관념의 현상적인 부분만을 정보로서 받아들이고 신뢰한다. 또한, 공식적으로 인정된 기관 혹은 사회적으로 성공한 학자나 사람들의 의식을 쫓아가는 것이 정상적인 의식 활동이라고 판단한다.

이들은 자신이 물질 관념의 노예라는 사실조차 인지하지 못할뿐더러, 이 세상의 물질 시스템을 지탱하는 주요 구성원으로, 현 시스템에 잘 길들여진 노동원이다. 그들에게 이 시스템은 영원히 지탱되어야 할 세계이며, 그들의 의식이 현 시스템을 지탱시키는 에너지원이 된다. 따라서 세상을 움직이는 자들은 이들의 의식을 지배해야만 이 시스템을 지탱할 수가 있다.

세상을 바꿀 수 있는 리더는 일종의 그들이 말하는 과대망상 혹은 정신병자가 아니라면 결코 세상을 바꿀 수가 없다. 이 세상을 바꿀 수 있는 영웅은 시스템의 안에서 나오는 것이 아니라 매트릭스의 네오처럼 시스템 밖에서 안으로 들어온다. 네오와 같은 영웅의 관념은 물질시스템 안에서 곱게 자란 엘리트와 비교했을 때 세상을 보는 관념 자체가 다르다.

세상을 움직이는 자들은 일반인에게 진실을 알려줄 필요가 없다. 왜냐하면 일반인들은 세상 돌아가는 힘에 대해 알고 싶어 하지 않을뿐더러 관심조차 없다. 이들에게는 그저 하루하루 먹고사는 것이 중요하며 교육에 의해 잘 세뇌된 존재로 살아가는 것이 편하며 안정적이라 생각한다. 이들이 바로 물질시스템을 굴리는 에너지원에 해당된다.

우리들 모두 각자 스스로 생각의 주인이라 생각하지만, 이 시스템을 위한 관념의 노예라는 사실은 인지하지 못한다. 관념의 노예들은 스스로를 시스템에 구속시키고 시스템이 무너지는 것을 두려워한다. 스스로 자유롭다고 생각하지만, 이 또한, 관념 안에서의 자유일 뿐이다. 그러고 보면 프리메이슨들이 이 시스템을 얼마나 기가 막히게 창조했는가? 자유롭다고 생각하는 노예들에 의해 움직여지는 세상…
그들은 한시도 관념의 노예들을 가만두지 않는다. 일거리와 놀거리를 주고 한시도 생각을 가만두지 않는다. 물질 관념으로 잘 세팅해놓고 그들로 하여금 믿게 만드는 것, 그것이 바로 세상이 실재하도록 만드는 힘이다. 믿음이란 의식의 세계를 현실 세계로 가져오는 행위이며 미래의 에너지를 현실로 당기는 행위이다.

물질 세상을 움직이는 원동력과 에너지원은 영적인 세상으로부터 흘러들어온다. 물질계와 영계는 마치 동전의 양면처럼 서로에게 에너지를 보급하는 순환 고리로 연결되며, 양 차원 간에 보이지 않는 시스템으로 연결되어 있다.

이 현상계에서 보이는 것만이 진실인 것처럼 보일지라도, 이 세계를 움직이는 힘은 보이지 않는 힘에 의해 움직이고 있다. 세계를 움직이고 있는 자들은 이 이치를 알고 있다. 그들은 영적이고 의식적인 부분을 민중에게 알려줄 필요도 없으며, 세상을 통제하기 위해서는 민중들이 알아서도 안 되는 문제이다. 예로부터 지배계층은 보이지 않는 영적인 힘을 터부[56]시하게 만들었으며, 힘의 원리는 소수 지배세력들만의 전유물로서 비밀리에 전수되었다.

민중이란 스스로 생각하는 방법을 모르는 세뇌된 노예이다. 또한, 그들은 세계를 움직이는 누군가가 있다는 것조차 부인하며 '설마'라는 생각으로 인정하고 싶어 하지 않는다.

자신이 의식의 노예라는 점을 깨우치는 순간이 바로 그가 시스템의 에너지원에서 독립하게 되는 순간이기도 하다. 그러나 민중들은 깨달음에는 관심이 없을뿐더러, 이 세상이 누군가의 기획에 따라 움직이는 시스템이 아니라 우연 혹은 필연에 의해 창조된 현실이라고 믿어버린다.

민중들이 서서히 무언가 잘못되고 있음을 눈치채는 순간은 이미 암

---

56 어떤 말이나 행동을 금하거나 꺼리는 것

이 온몸으로 전이되어 있는 것처럼 걷잡을 수 없는 소용돌이 속으로 빠져 들어간다.

　지금 이 세상을 디자인하고 있는 거대한 권력의 뒤에는 보이지 않게 영적인 작업 혹은 의식적인 작업을 하는 이들이 있다. 2차 세계대전을 보더라도 영적 배후가 반드시 존재하며, 이들은 인간들의 집단적인 광기를 표면으로 끌어올려 전쟁을 일으켰다. 그들이 기획한 대로, 의도한 대로 세계를 재편하였다. 현실주의자들 눈에는 정부가 하는 일이니까, 혹은 국가의 일이니까 하며 인류의 광기를 합리화시킨다.
　집단 무의식은 바이러스처럼 확장되며 인류를 어떤 흐름 속으로 이끌어간다. 세계적 흐름은 그냥 우연히 흘러가는 흐름이 아니라 어떤 목적성을 띄고 있다. 그 목적성이란 바로 인류의 의식적인 진화·발전이다. 진화를 이끌어가는 힘이 깨달음이다. 종족의 번식보다도 더 큰 그림은 우주가 나를 알아가는 것이다.

　세상을 움직이는 영적 배후는 고대로부터 존재해 왔으며, 지금도 이 지구는 각자의 숙제를 가지고 어떤 목적성을 향해 달려가고 있다. 그 가운데 누가 인간의 집단 무의식을 이끄느냐에 따라 인류의 미래가 정해진다.

　무엇이 현실이고 무엇이 정상적인 생각인가? 세상은 이미 미치광이들 손에 의해 움직여지고 있는데…

03 히틀러의 영적배후와 아틀란티스

집단 무의식의 광기와 전쟁

2차 세계대전은 전 세계가 집단 무의식의 광기에 사로잡혀 이성을 상실한 채, 저마다의 목적을 위해 벌어진 힘의 충돌이었다. 2차 세계대전의 영적인 측면을 살펴보면, 지구 고대 역사 속 아틀란티스와 레무리아의 카르마 전쟁이요, 우주적으로는 제타계 오리온의 카르마 전쟁이었다.

무대륙(Mu大陸)의 멸망 카르마는 일본이 태평양상에서 미국을 공격하면서 그 뚜껑이 열렸다. 아틀란티스인들은 신대륙 아메리카 대륙에 다시 환생했고, 일본은 무대륙(Mu大陸)의 카르마를 다시 한 번 촉발시키면서 핵폭탄을 맞는다. 이것은 곧 태평양에서 벌어진 아틀란티스와 레무리아의 전쟁이기도 하다.

일본이 점령했던 동남아시아 일대는 고대 레무리아의 복본 지역이었고, 독일을 깨운 것은 북쪽에서 내려온 북아틀란티스인이다.

1만 년 전, 레무리아와 아틀란티스가 멸망할 무렵은 외계 존재들이 지구에 들어와 온갖 실험을 벌이던 때였다. 양쪽 모두 오리온에서 들어온 제타 카르마와 깊은 관계가 있다. 오리온 제타 카르마에는 과학기술을 이용한 '핵실험'과 '인종실험'이라는 두 가지 핵심 아젠다가 들어있다. 1, 2차 세계대전은 판도라의 상자를 연 것처럼 우주의 카르마가 급격히 수면으로 부상한 전쟁이었다.

(아틀란티스라고 다 똑같은 생각을 하는 것은 아니며, 제타종족이라고 다 똑같은 목적을 띄고 있는 것은 아니다. 이것은 마치 한 나라에 좌파, 우파로 나뉘어 싸우는 것처럼 이들도 자신들의 목적과 이익에 따라서 아군이 되기도 하고 적군이 되기도 한다. 여기에서 우리는 이타적인가, 이기적인가로 구분할 수가 있다.)

• 아리안의 탈을 쓴 아틀란티스

히틀러는 인종주의 부활을 선도하면서 아리안족의 부활을 꿈꾸었다. 히틀러는 아리안을 가장 우수한 형질로 보고, 인종실험을 통해 아리안족을 대거 배출해 내려고 하였다. 히틀러가 이야기하는 아리안족의 기원은 아라타 지역으로 침투해 들어온 남아틀란티스인이다. 고대 아라타 지역의 순수 아리안족은 페르시아 지역으로 이동하였다.

이들 고대 순수 아리안족은 인안나의 경로를 따라 들어간다. 인안나는 아나톨리아 지역에서 수메르 지역으로 들어갔고, 수메르에서 페르시아 그리고 티베트의 경로를 거친다. 물론 남아틀란티스계 아리안들도 인안나의 경로를 타고 들어와 점령하기 시작했다.

아틀란티스 멸망 당시, 아틀란티스인들은 두부류로 나뉘는데, 북극 지하 동공으로 들어간 북아틀란티스인과 지중해지역으로 들어온 남아

틀란티스인으로 구분할 수 있다. 남아틀란티스인은 순수 아리안족의
이동경로로 따라 들어오면서 아리안족을 뒤집어썼다.

나치가 사용한 문양

나치가 사용한 하켄크로이츠, 즉 스와스티카(Swastika) 모양은 불교
만(卍)자와 방향이 반대방향이다. 나치가 사용한 스와스티카(Swastika)
는 오른쪽으로 확장하는 모양이고, 불교만(卍)는 왼쪽으로 수렴하는
모양이다. 오른쪽 회전은 [양]이고, 왼쪽 회전은 [음]의 성질을 가지고
있다.

좌) 독일 하켄크로이츠
우) 불교의 만자

그런데 독일과 일본의 침략방향을 살펴보면, 독일은 폴란드를 거쳐
러시아를 침공하면서 방향으로는 북동방향으로 진출하였고, 일본은
남서방향의 동남아시아로 확장 진출하였다. 즉 큰 모양으로 보면 일본
과 독일이 스와스티카 모양(하켄크로이츠)으로 힘이 형성되어 움직이고
있었다는 점이다.

히틀러의 영적 배후

히틀러의 영적 배후세력은 툴레회[57](그리스어로 '북극'이라는 뜻이며 오컬트 단체이다)이다. 이들은 지하로 들어간 아틀란티스인이 세운 왕국을 '아갈타[58]'라고 하였으며, 툴레회의 채널러인 마리아 오르시치(Maria Orsic)는 지하왕국 아갈타에 사는 민족이 바로 '아리안족'이며, 아리안족(아틀란티스계)의 선조는 오리온자리의 알데바란[59]에서 왔다고 했다.

툴레회는 아틀란티스의 후예들이다. 1만여 년 전에 멸망한 아틀란티스에서 살아남은 자들 중, 북극 지저로 들어간 이들은 북아틀란티스인이 되었고, 지중해 이오니아 지역으로 들어간 이들은 남아틀란티스인이 되었다.

북극통로를 지키고 있던 툴레회는 지구 속으로 들어가는 또 다른 통로인 샴발라 통로를 접수하기 위해 티베트 지역까지 조사하였다. 샴발라 탐사가 세계정복을 실현하기 위한 하나의 중요정책이 된 데에는 영국의 작가 리턴이 쓴 『미래의 민족』이라는 책이 많은 영향력을 끼쳤다. 여기에 나오는 '부릴야'는 중앙아시아에서 전설로 내려오는 샴발라 왕국을 두고 하는 말이다.

---

57 툴레회(Thule)는 독일 뮌헨에서 조직된 신비주의 및 정치 단체로 정식 명칭은 고대 게르만족에 관한 연구 모임(Studiengruppe für germanisches Altertum)이다. 아리아인 민족주의와 신비주의 사상을 바탕으로 한 비밀결사로서 하켄크로이츠와 칼을 단체의 상징으로 삼았다.

58 지구의 중심부에 존재한다고 말해지는 전설적인 도시

59 황소자리의 알파별이다. 서구권에서 '황소의 눈'으로 불렸다.

북극의 지하기지로 들어간 북아틀란티스인들은 북극 지역을 비롯한 스칸디나비아 반도 쪽에 터를 잡았고, 지중해로 들어온 남아틀란티스인은 고대 아리안 종족으로 침투해서 들어온다. 이들의 침투방식은 혼혈방식이다. 유전자의 DNA를 타고 들어오며, 유사한 형질로 에너지는 입식이 된다. (실제 백인들은 북유럽과 스칸디나비아 반도부근에 위치한 노르웨이, 스웨덴 등에 있는 인종이 전형적인 백인 얼굴이다.)

남아틀란티스인들은 BC 3000년경 지중해 쪽으로 들어와 혼혈이 많이 되었고, 북아틀란티스인들은 훈과 로마제국 시기에 남하하기 시작했다.

지구 속 지하기지와 관련하여 많은 정보를 알고 있는 이들은 티베트 고승과 북극 툴레 지역 사람들이었다. 또한, 지구 속·문명을 이야기한 단체로는 신지학파[60]가 있는데, 이들은 대백색형제단, 아틀란티스 성자, 샴발라와 관련된 메시지들을 전하고 있다.

샴발라와 삼족오

나치는 게르만족의 조상인 북부 백인(북아틀란티스)의 기원을 찾다가 지중해 이오니아 지역에서 백인(남아틀란티스)의 흔적을 찾아내었다. 그리고 이들이 뒤집어쓴 순수 아리안족의 기원까지 찾아 올라가게 되면

---

60 1895년 러시아 출신 헬레나 블라바츠키 여사와 스콧 대령이 미국에서 함께 창설한 신비주의 종교단체이다.

서 문명의 기원인 중앙아시아로 눈을 돌리게 된다. (남아틀란티스인들은
순수 아리안족과 혼혈이 되었다.)

순수 아리안의 기원이 중앙아시아에 있음을 발견하고, 폴란드를 공
격한 뒤 러시아를 통해 중앙아시아로 들어가려 했다. 나치들이 발견한
것에 의하면 인류 최초문명을 '샴발라'라고 하였고, 이들의 시원은 중앙
아시아라고 하였다. 그러나 이는 환국문명이 중앙아시아에서 시작되었
고, 이를 샴발라로 알고 있는 것은 아닐까 한다.

'샴발라'라는 말은 삼족오와 유사성이 있다. 삼발(삼족) 그리고 [라]는
태양을 뜻한다. 또한, 이 샴발라의 문명을 중앙아시아와 티베트에서 찾
는 것을 보면, 치우가 말년에 티베트로 들어간 것과 연관이 있어 보인
다. 이들 아리안족(순수 아리안과 남아틀란티스 모두)들은 인안나와 환웅
의 흔적을 찾아 이동하였다.

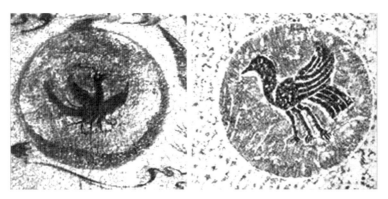

좌) 고구려 고분벽화에 그려진 삼족오
우) 한나라 벽화에 그려진 삼족오

04 부릴야 왕국과 환웅

부릴야 왕국과 환웅의 발자취

히틀러의 영적 배후에서 잠깐 언급했던 [부릴야 왕국]은 중앙아시아에 실재했던 왕국이다. 그런데 위치적으로나 언어적 동질성으로 볼 때, [부릴야 왕국]은 러시아 바이칼 호수 근처의 부리야트[61]족으로 보인다. 그 일대 지역 사람들은 바이칼 호를 코리(Khori)족[62]의 발원지로 삼는다. 부리야트족 일파는 바이칼과 티베트로 갈라졌으며 동쪽으로 이동한 종족은 만주 부여족의 조상이 되었고, 후일 고구려의 뿌리가 되었다.

부리야트족은 우리 한민족과 얼굴뿐만 아니라 풍습까지 공통점이 많은 몽골계 종족이다. 이들 부리야트가 가지고 있는 샤머니즘적 요소(성황당, 솟대)와 더불어 구전되는 전설 [선녀와 나무꾼], [심청전] 등을 보더라도 많은 유사점을 가지고 있다. 또한, 부리야트족의 주 무대였던 바이칼호는 우리 한민족의 시원과도 관련이 있다. (선녀와 나무꾼 전설은 러시아에서는 백조와 나무꾼으로 알려졌으며, 이 모티브는 차이코프스키의 백

---

61 몽골계의 조상

62 몽고 동쪽에 사는 고구려 유민의 후손

조의 호수로도 유명하다.)

　그렇다면 히틀러가 문명의 기원이라고 추적해서 들어가는 곳이 바로 환국의 발상지임을 볼 때, 히틀러는 계속해서 환웅의 발자취를 따라가고 있었으며 부단히도 정신을 물질화시키려 하였다.

　히틀러는 아틀란티스의 기원을 찾기 위해 아리안의 기원을 찾아 들어갔고, 아리안은 인안나의 발자취를 따라갔고, 인안나의 흔적 속에서 그들이 발견한 것은 바로 환웅의 흔적이었다.

　모든 문명의 시초이자 정신의 근원에 배달환국이 있었다. 즉 아버지 나라 환국에 대한 뿌리 찾기였다. 그들이 발견하고자 했던 백인문명의 시원 대신, 그들이 발견한 것은 황인족 얼굴을 한 아시아인, 그중에서도 한민족의 흔적을 발견하였다. 흔적이 발견될수록 당황하게 된 그들은 새로운 역사, 새로운 인류 시원을 창조해야만 했다. 어차피 역사라는 것은 살아남은 자에 의해 쓰여 지는 강자의 역사임을 볼 때, 백인의 역사는 불과 몇백 년에 불과하다.

　이라크, 이란, 아프카니스탄, 팔레스타인, 이러한 나라들은 우리가 배운 지식의 관념으로 보았을 때, 황폐한 사막지대에서 이슬람을 믿는 과격한 집단이라는 세뇌된 관념으로 바라본다. 그러나 그 실상을 들여다보면, 이 나라들은 몇 천 년의 역사를 간직한 찬란한 문명을 가진 국가들임을 알 수 있다.

　이들 국가들은 이슬람화가 된 뒤, 종교와 정치전쟁으로 말미암아 땅은 황폐화가 되었고 우리들에게는 과격한 테러 국가들로 알려졌다. 이 또한, 미국중심의 사고관에 우리가 얼마나 세뇌되어 있는지를 여실이 보여준 단면이기도 하다.

이처럼 역사 속에서 한민족의 시원은 감추어지고 봉인되어 왔다. 이념과 전쟁의 소용돌이 땅을 피해 정신의 뿌리를 간직하고자 해가 뜨는 동쪽으로 이동을 시킨 환웅의 혜안은 몇 천 년을 미리 내다보고 계획한 혜안이었을 것이다.

지구의 중심 샴발라 왕국

하우스호퍼[63]는 부릴야 왕국이 샴발라 왕국이란 가설을 세우고 물질 지구 속에서 찾으려 했다. '샴발라'란 영적인 센터이며 우리가 살고 있는 3차원 세계가 아니다. 인체 차크라[64]라고 부르는 에너지 센터처럼 지구도 영적인 센터가 존재한다. 이는 어떤 물질적 장소라기보다는 영적인 차원 공간으로 보아야 할 것이다. 신지학회의 교리에 따르면, 샴발라에는 영적으로 깨달음을 완성된 존재인 대백색형제단 마스터들이 머물고 있다고 전한다.[65] (실제로 지구 속 문명을 다녀왔다는 설도 존재한다.)

---

63 독일의 지리학자이자 지정학자이다. 히틀러의 최측근으로 나치 정권 시절 최고 군사·외교 고문 겸 독일군 군사참모를 담당했다.

64 인간 신체의 여러 곳에 있는 정신적 힘의 중심점 가운데 하나

65 1829년 노르웨이 출신 올랍얀센과 1947년 리처드 버드 미해군 제독이 지구 속 문명을 탐사하고 왔다는 이야기들이 있다.

'샴발라'라는 이상향은 우리의 외부에 있는 것이 아니라 우리의 내부에 있는 무한한 힘이며, 이 중심은 지구 속 중심태양과 연결이 되어있다.

나치는 샴발라를 물질지구 중심 속에서 찾으려 했으나 이는 물질 속에서 찾을 수 있는 무언가가 아니라, 우리 내면에서 떠오르는 태양과 같은 것이다. 이 중심은 우주의 중심과 연결되어 있으며 '본성의 힘'이 바로 그들이 찾던 브릴66 에너지이다. 지구의 중력에 구속되지 않는 각자 내면의 중심력을 갖는 것, 이것이야말로 무한한 힘이며 무한동력인 셈이다.

서양은 물질문명의 바탕 위에 세워진 문명으로 그들의 의식은 물질을 통해서 이해되고 물질을 통해서 소통하려 한다. 그들이 찾는 그 무엇은 물질로 존재하는 그 무엇이 아니라 바로 우리 의식 속에 감추어진 본성의 힘이다.

물질문명에서 정신문명으로 넘어갈 때

중세유럽은 물질과 정신을 모두 억눌러 놓은 암흑의 시기였다. 이에 대한 반발로 르네상스가 부활하였고, 더불어 억눌렸던 의식은 봇물 터지듯 터져 나오기 시작했다. 반면에 우리 한민족은 동쪽 끝에 감추어진 채 정신의 맥을 이어오고 있다가 문을 연 최초 시점은 고종 때였다.

1, 2차 세계대전을 거치며 세계는 급격한 기술문명의 발전을 가져오

---

66 미래 인종의 권능 에너지

게 되었다. 과학기술은 전쟁을 통해서 급속도로 성장하였으며, 기존 틀을 업고 물질중심의 새로운 판을 깐 시기가 바로 1, 2차 세계대전이었다. 물질문명의 급성장은 인간으로 하여금 정신적인 공황상태를 접하게 만들었으며 그 충격은 이루 말할 수 없었을 것이다.

정신문명에서 물질문명으로 넘어가는 데 있어서 기독교는 가장 큰 성과를 이루었고, 현재의 지배 기득권층으로 등장하였다. 그러나 이제 물질문명이 극을 치고 정신문명으로 넘어가는 찰나에서는 또 어떤 정신적 공황상태를 맞이하게 될까?

100년 전만 하더라도 정신문명에 있던 사람들이 물질문명이 들어오면서 받았던 충격을 이제는 물질문명에 젖어있던 사람들이 받아야 할 차례가 도래했다.

정신과 물질은 순환한다. 마치 태극처럼…

정신문명에서 물질문명으로 전환할 때마다 전쟁은 반드시 있어왔다. 정신문명에서 물질문명으로 넘어갈 때 물질적인 전쟁이 있었다면, 물질에서 정신으로 넘어갈 때는 의식적인 전쟁이 세상을 휩쓸 것이다. 의식전쟁은 사념전쟁이며 각자 내면에서 일어나는 치열한 전투이다.

물질의 극점은 분리이고 정신의 극점은 통합이다. 즉 너나 나나 할 것 없이 우리는 외부의 대상과 전쟁을 하는 것이 아니라 내부의 나와 전쟁을 치러야만 한다. 내 안에서 이원성의 통합이 먼저 이루어져야 하고 우리 각자가 변화를 맞이해야 한다. 이 변화는 피상적인 변화가 아니라 나를 둘러싸고 있는 카르마를 끊는 것으로부터 출발한다.

　정신에서 물질로 넘어갈 때 서구문명은 물질 땅을 정복해 나갔고 이
제 정신문명으로 넘어가는 시기에 우리는 의식을 점령해나가야 한다.
　의식의 통합이란, 무력에 의한 통합이 아니라 서로 공감할 수 있는
통합의 장으로 나아가야 한다. 무력으로 땅을 빼앗고 정신을 주입하는
것이 아니라, 정신이든 물질이든 자연스럽게 닮고 싶어 하면서 따라 오
게 만들어야 한다.

05 성배코드는 환웅의 기름부음

마고의 후예 인안나

인안나는 지구의 여주(女主)인 마고의 후예이다. 무대륙(Mu大陸)이 멸망하고 난 뒤, 레무리아 복본이 이루어지면서 수메르 지역에도 무대륙(Mu大陸)의 후예들이 정착하여 문명을 일구게 되었다. 따라서 무대륙(Mu大陸)의 후예는 지구의 오랜 주민으로 대륙에 광범위하게 퍼졌고, 대륙의 곳곳에는 마고의 흔적들이 남아있다.

빙하기가 끝나고 새로운 시대가 열리면서 북극성에 정좌한 우주의 주재자인 환인이 지구에 내려오게 된다. 환인의 분신인 환웅은 지구 물질 옷을 입으면서 반신반인(半神半人)인 새로운 왕으로 등장을 하는데, 마고만이 알아볼 수 있는 표식이 있게 된다.

즉 진정한 음의 성질이 양의 성질을 알아보는 것처럼, 마고에 의해 환웅은 정통성을 부여받고 이 지구의 왕으로서 등극 한다. 이것은 곧 지구여신이 북두칠성의 존재를 양으로서 받아들임을 뜻한다. (환인은 북극성, 환웅은 북두칠성)

견우와 직녀의 만남처럼 새로운 물질지구의 시작을 알리며, 남신과 여신이 만나고, 음과 양이 조화를 이루어 문명을 태동시키는 것을 뜻한다. 이것은 고대 신화의 주요 모티브로 작용을 하게 된다.

아틀란티스를 통해서 들어온 다른 우주 존재들도 지구의 여주인 마고의 인정을 받아야 했기 때문에 외계 존재들은 마고의 흔적을 따라가게 되었다. 마고의 후예인 인안나가 수메르의 여주(女主)로 있을 적에 왕들은 여신인 인안나로부터 왕권을 인정받으려 했다. 그러나 이러한 지구여신의 재가(裁可)는 길가메시에 의해 파괴가 되면서 길가메시는 지구여신의 주권을 빼앗았다. 그는 스스로 지구의 왕이 되고자 하였으며 그때부터 지구는 음양조화가 아닌 음양 부조화로 돌아가는 시스템이 펼쳐지게 되었다.

성배전설의 핵심은 음양사상

동양의 음양사상은 서양 이교도 즉 신비주의의 주요 모티브로 작용을 해왔다. 이것이 곧 성배전설의 기원이기도 하다.

만물은 음양의 기초 위에 세워졌으며 천지가 만물을 낳는 것처럼 인간의 남녀가 만나 새로운 인간을 탄생시킨다. 남녀가 만나는 의식은 성스러우며 천지가 만나는 의식과 같아서 예로부터 결혼식은 신성한 의식으로 치러져 왔다.

이 성혼례 의식은 바로 환웅과 마고의 후예에 의해 탄생되었다. 환웅과 마고 이야기는 세대를 거치면서 다른 이름으로 대치되곤 하였다. 우리나라에서는 견우와 직녀로 알려졌고, 수메르에서는 인안나와 두무지, 이집트는 이시스와 오시리스, 가나안에서는 바알과 이쉬타르 그리고 기독교에서는 막달라와 예수로 알려졌다.

이러한 혼례의식은 고대 근동지방에 광범위하게 퍼져있던 사상이었으나, 길가메시가 들어오면서 그는 이러한 의식을 왜곡된 성 의식으로 변질시켜 놓았다. 이때부터 여사제는 창녀로 전락하게 되었으며, 여신의 위치는 땅으로 추락하게 되었다. 즉 남성중심의 사회로 넘어가게 되었으며, 양이 치고 올라오는 시대를 맞이하게 된다.

외부의식이 침투해 들어오면서 왜곡은 시작된다. 왜곡의 시작은 수메르에서부터 시작되었다. 음양의 조화가 깨지면서 남성성과 여성성이 분리되기 시작하였다. 이것이 물질시스템을 돌리는 에너지원이 되어 우리는 본격적인 카르마의 장으로 뛰어들게 되었다.

왕의 상징 소뿔

마고와 환웅의 상징코드는 견우와 직녀에서 보았듯이, 베틀 짜는 마고와 소를 모는 환웅으로 상징된다. 직물은 마고로 상징되고, 소는 남성성을 상징하는 환웅의 코드이다. 치우가 소뿔형상을 한 동두철액을 쓴 것도 모두 이와 같은 이유에서이다.

소뿔 형태의 모자는 치우, 바알의 중요 상징코드이다. 오시리스는 곰자리를 뜻하는 우시르(Usire)로 불렸다. 이것은 마치 큰곰자리에 위치한 북두칠성을 상징하듯, 오시리스는 환웅의 또 다른 표현임을 알 수가 있다. 한편 이집트 멤피스에서는 신성한 소라고 여겨졌던 아피스가 오시리스를 상징한다.

위의 사진을 보면, 좌측 가나안의 바알신은 뿔 달린 모자와 활을 사용하였고, 우측은 폭풍의 신이라 불리는 아시리아의 아다드[67] 신이다. 마찬가지로 뿔 달린 모자를 쓰고 있다.

14의 숫자코드

이시스와 오시리스의 신화를 살펴보면, 오시리스는 세트에 의해 죽임을 당한 후, 14조각으로 땅 위에 뿌려졌다. 이시스는 오시리스의 몸

---

67 바빌로니아와 아시리아의 판테온에 모셔진 폭풍과 번개의 신

체 14조각을 찾아서 오시리스를 완성시킨다. 이는 곧 죽은 두무지를 부활시키는 인안나 이야기와 유사한 형태를 띠고 있다.

부활은 모든 신화에 자주 등장하는 코드이다. 죽음 가운데서 부활한다는 것은 기존의 관념이 죽고 새롭게 태어난다는 뜻이다. 엉켜진 인과가 죽음으로 소멸되었기에 어디에도 매임이 없이 자신의 뜻을 펼칠 수 있는 진정한 왕으로의 재탄생이다. 그래서 진정한 왕은 감추어져 있다가 세상에 드러나는 형태를 띠고 있다.

왕을 찾으려면 왕을 알아볼 수 있는 이를 찾아야 한다. 죽은 오시리스를 찾으려면 이시스를 찾으면 되고, 두무지를 찾으려면 인안나를 찾으면 된다. 즉 오시리스와 두무지의 흔적을 아는 유일한 사람은 바로 이시스와 인안나이기 때문이다.

이것은 또다시 막달라 마리아와 예수 이야기에서도 비슷한 유형으로 존재한다. 예수의 흔적을 찾으려면 막달라 마리아를 추적해야 한다.

왕의 기름부음은 왕임을 알리는 의식이다. 인안나의 지지를 받아 왕이 되듯, 여신의 기름부음은 바로 왕임을 나타내는 표식이다. 예수에게 기름부음을 한 막달라 마리아는 왕족의 여사제이며, 마고의 후예이기에 가능한 일이었다. 이것이 서양의 의식 속에 흐르는 성배코드이다. 성배코드는 환웅 때부터 내려오는 음양사상의 핵심코어이다. 막달라 마리아의 수는 13, 치우는 14의 숫자코드를 가지고 있다. 13은 프리메이슨의 숫자이다.

왕과 기름부음

기름부음이란, 왕족 여사제가 왕을 선포하는 행위이다. 즉 신성한 혼례에 의해 음과 양이 만나는 행위이다. 마고의 후예인 지구여신이 인정하는 자가 곧 왕이라는 뜻이다. 막달라 마리아는 왕족 여사제였으나 창녀로 알려졌다. 예수 부활 사건 이후, 막달라 마리아는 프랑스 남부로 이동하였고, 예수와 관련된 모든 에너지는 막달라 마리아를 따라 서양으로 들어가게 되었다.

서양에서는 기름부음을 남녀합일의 성 의식으로 표현한다. 기름부음의 영적인 의미는 지구 카르마의 받아들임이다. 즉 남성이 여성에게 지구 카르마를 입식 받고 이로써 남성은 여성성을 받고, 여성은 남성성을 받아 음양이 50:50이 되어 내 안의 여성성과 남성성을 통합하는 의식이다. 여신으로부터 지구 카르마 정보를 받은 남성은 비로소 기름부음을 받은 왕의 자리에 설 수 있다.

카르마의 원리를 아는 자만이 공명정대한 판결을 내릴 수가 있고, 어느 한쪽으로도 치우치지 않는 솔로몬과 같은 지혜로운 판결을 내릴 수가 있다. 왕이 공정한 판결을 내릴 때, 백성들은 비로소 자신들의 한을 풀 수 있으며, 카르마의 극성을 상쇄시킬 수 있다. 따라서 왕은 공명정대하게 카르마를 풀어나갈 수 있어야 한다. 나아가 서로 상생할 수 있는 흐름을 만들어가야 한다. 그래서 왕은 사심이 없어야 한다.

왕이 어떤 카르마를 어떻게 받아내느냐에 따라서 왕의 관점과 시각은 달라지게 된다. 그가 어떤 생각을 갖느냐에 따라 지구 운명의 향방이 결정되기 때문에 왕의 자리는 아무나 앉을 수 있는 자리가 아니었다.

길가메시가 왕으로 등장한 뒤, 길가메시가 받아들인 카르마는 지구 카르마가 아니라 외계 카르마였다. 이후 지구는 외계 카르마 장으로 변하게 되었다.

길가메시는 우주 카르마의 지구 대리인이 되었으며, 의식은 니비루 행성과 연결되었고, 카르마는 오리온 카르마를 받아들였다. 니비루 행성은 우주 카르마의 전달 행성이었다. 큰 우주적 흐름의 차원에서, 지구에 우주 카르마를 받아들이기로 결정한 순간부터 마고와 환웅은 역사의 기억 속에서 사라지게 되었으며, 5천 년 뒤 우리의 의식 속에 다시 부활할 것을 약속하였다.

06 예(禮)와 미(美) 그리고 황금비율

예(禮)와 미(美)

예로부터 우리나라는 동방예의지국이라 불려 왔다. 우리 한민족은 예(禮)의 상징이기도 하다. 반면 유대인과 프리메이슨이 세운 나라 미국은 아름다운 나라가 되기를 꿈꾸며 미국(美國)이라 불렀다.

예(禮)와 미(美)는 다른 듯 보이나, 하나의 지향점을 추구하고 있다. 그것은 바로 '균형'이다. 예(禮)와 미(美)는 질서와 자유가 조화로울 때 불리는 이름이기도 하다.

예(禮)는 질서 속의 조화로움이고, 미(美)는 자유 속의 조화로움이다. 미(美)가 없는 질서는 독재로 흐르고, 예(禮)가 없는 자유는 방종으로 흐른다. 예(禮)는 통일성에서 나오고, 미(美)는 다양성에서 나온다.

우리 한민족은 예(禮)의 상징이고, 유대인은 미(美)의 상징이 되어야 한다. 우리나라는 예로부터 질서의 민족이기도 하다. 모두 같은 색의 옷을 입고, 모두 같은 머리를 하고 서로의 동질성을 찾고자 하지만, 유대인과 프리메이슨이 세운 나라 미국은 진정으로 아름다운 미의 나라를 꿈꾸면서 다양성을 추구하고자 한다.

미국이라는 나라는 미의 이상향을 꿈꾸는 나라이다. 자유와 질서가 '조화'라는 바탕 위에 세워졌을 때, 질서는 예(禮)가 되고 자유는 미(美)가 되는 것이다.

예(禮)와 미(美)의 한자를 보면, 두 글자 모두 제사의례에서 비롯된 글자라는 점을 발견할 수가 있다. 예(禮)라는 한자는 신에게 바치는 그릇 위에 제사음식을 가득 담은 모양이고, 미(美)라는 글자는 신에게 바치는 살찐 양의 모양이다.

示 (보일 시) + 豊 (굽 높은 그릇 례, 예도 례) = 禮
(… 신에게 바치는 제사음식)

大 (큰 대) + 羊 (양 양) = 美
(… 신에게 바치는 살찐 양)

예(禮)라는 글자는 농사의 풍성함을 담은 한민족의 제사상을 보여주고, 미(美)라는 글자는 양을 바치는 유대인의 제사상을 보여준다.

자유와 질서는 서로 간의 적절한 조화로움이 유지되어야 그 빛을 발휘한다. 예(禮)는 지나치지 않는 밀어냄이고, 미(美)는 지나치지 않는 끌어당김의 마술을 가지고 있다. 예(禮)와 미(美)는 상생의 힘이다. 그러나 이 힘이 과하거나 부족하면 파괴로 치닫는다.

예(禮)의 상징인 환웅과 미(美)의 상징인 인안나

환웅은 예(禮)의 상징이다. 환웅은 신들의 주신(主神)이기에 수직적 계보를 가지고 있다. 예(禮)란 바른 마음, 바른 정신에서 나오는 자연스러운 표현이며, 상대를 존중하는 마음이 바탕에 깔려있다.

인안나는 미(美)의 상징이다. 인안나는 이쉬타르, 아프로디테, 비너스 등의 이름을 가지고 있다. 모두 미의 여신을 뜻한다. 미(美)란, 사실 강력히 끌어들이는 마력적인 힘이 아니라 보이지 않는 생명력의 원천이다.

아름다움이란, 전체와의 조화 속에서 피어나는 꽃과 같다. 물질의 아름다움은 찰나이나 정신의 아름다움은 영원하다. 원래 완전함이란 고요에 가까우며, 눈에 거슬리지도 않고 자연스럽게 흐르는 물과 같다. (잘 돌아가는 바퀴는 돌아가는 모양도 보이지 않고 소음도 없다.)

마찬가지로 예(禮)란, 질서의 강력한 힘이 아니라 바른 정신의 표현이다. 절제된 도이며 완전함이기에 전체 속에 자연스럽게 스며드는 공기와 같다. 결국 예(禮)와 미(美)란, 진리에 이르는 도구이다. 미는 지혜 속에서 아름답게 꽃피고, 예는 도(道)로서 표현된다.

예(禮)는 통일성에 이르고자 하는 1의 표현이요, 미(美)는 다양성을 나타내는 2의 표현이다. 또한, 예는 검으로 상징되고, 미는 횃불로 상징된다. 검은 분별의 힘으로 자르는 것이고, 횃불은 빛을 밝히는 것이다. 빛을 밝힌 후에야 빛과 어둠이 드러나고, 빛과 어둠이 드러나야 분별을 할 수 있다.

통일성과 다양성이라는 측면에서 보자면, 통일성은 수직적 계보이고 다양성은 수평적 계보이다. 신들의 세계는 수직적 계보로 이루어지고, 물질적 세계는 수평적 계보로 이어진다.

예로부터 한민족은 왕 중심의 수직적 계보 속에서 질서를 유지해왔다. 반면에 프리메이슨과 유대인은 공산주의와 같은 노동자 중심의 수평적 계보와 유물론적인 사고체계를 도입하여 평등사상을 고취시켰다. 그러나 세상은 물질과 정신으로 이뤄져 있고, 물질과 정신은 분리할 수 없으며, 우리의 세계는 결코 한 축으로만 형성되지 않는다. 수직과 수평, 위와 아래, 좌와 우, 십자가의 형태로 이뤄져 있다.

결국, 궁극적으로 추구해야 하는 세상은 조화 세상이다. 수평과 수직이 조화롭게 만나고, 통일성 속에 다양성이 인정되는 예와 미가 십자가 형태를 이루는 세상으로 흘러야 할 것이다.

황금비율

미(美)는 다양성 속에서 이루는 조화의 정점을 말한다. 자연은 조화 속에서 탄생한 아름다움이며, 인간들은 자연의 조화로움을 창조하고자 했다. 자연 속에서 찾아낸 가장 균형 있는 비율을 '황금비율[68]'이라고 하며, '신성비율'이라고도 불렸다.

황금비율은 미의 균형점이다. 황금비율이 인간의 시각에 가장 안정

---

68 1:618로 피보나치수열(1, 2, 3, 5, 8, 13……)의 2:3, 5:8, 8:13은 모두 1:618의 비율에 해당된다. 그리스 건축물, 피타고라스의 오각별 등은 모두 황금비율로 이루어졌다.

성을 띠는 분할인 것을 보면 미(美)란 궁극적으로 가장 안정된 그 무엇임을 알 수가 있다. 가장 안정된 그 무엇 속에서 인간은 평온함과 생명력을 느낀다.

• **감각적인 미를 추구하는가? 정신의 아름다움을 추구하는가?**

미(美)라는 것이 후대에 이르러 감각적인 기쁨이나 즐거움을 주는 대상을 향한 것으로 바뀌면서 미의 기준은 물질적인 가치척도가 되어버렸다. 강력한 끌림이나 감각적인 아름다움을 보고 갖고 싶다는 욕망이 생기면서 미를 인공적으로 만들고자 했다. 시간이 흐르면서 인간의 욕망에 따라 미에 대한 가치는 점점 변해갔다.

유한한 것은 미가 아니라 감각의 유희일 뿐이다. 진정한 미란, 마르지 않는 샘물처럼 영원한 생명력과 같은 것이다. 이 지구에서 영원한 물질이란 없다. 모든 것은 찰나의 순간일 뿐, 아름다운 젊음도 한때이며, 늙은 육체는 더 이상 아름다울 수 없다. 그러나 정신은 다르다.

정신 속에 내재된 변치 않는 아름다움… 그것이야말로 우리가 진정 아름다움이라 부를 수 있는 미(美)가 아닐까?

질서의 나라 '북한'과 미의 나라 '미국'

북한은 강력한 질서와 통일성의 국가이다. 하나의 사상으로 움직여지는 강력한 군부정치 체제를 가지고 있으며 종교와 정치가 하나로 통일된 왕도 주체사상에 가깝다. 반면에 미국은 다양한 민족이 다양한 생각을 가지고 있는 연방 국가이다.

미(美)가 부족한 북한의 강력한 질서와 예(禮)가 부족한 미국의 무절제한 자유, 그리고 그 가운데 있는 남한… 북한과 미국의 중간에 대한민국이 있다. 그래서 대한민국의 역할이 매우 중요하다.

대한민국은 미국의 무절제한 자유에 가까워지면 가까워질수록 북한과는 점점 멀어지게 되어있고, 북한의 질서 속으로 들어가기엔 남한은 자유의 맛을 너무 보았다.

결국, 남과 북을 가로막고 있는 이 '시스템의 벽'이 붕괴되어야 남한과 북한이 상봉하는 환경을 만들 수 있다. 여기에는 두 가지 변수가 있다. 하나는 북한의 핵이고, 하나는 세계금융경제의 붕괴이다. 남한에게는 핵도 위협이요, 금융경제의 붕괴도 위협이다.

북한은 물질시스템 밖에 있으면서 이 시스템을 해체시킬 수 있는 핵폭탄을 쥐고 있다. 물질적인 핵폭탄뿐만이 아니라 영적인 핵폭탄까지 쥐고 있는 형국이다.

현재 한반도의 운명과 지구의 운명이 함께 맞물려 있기 때문에 남한에 천신들이 인간의 몸을 입고 들어와 있는 이유이기도 하다. 따라서 대한민국은 예와 미의 조화를 가지고 자유와 질서를 통합시켜야만 하는 역할을 가지고 있다.

이곳 한반도에서 남과 북, 동과 서가 서로 통하는 십자가 형태의 소통을 이루려 한다. 그래서 한반도가 중요한 힘의 볼텍스 지점이 되며, 어떤 나라도 함부로 건들 수 없는 나라가 바로 한국이다.

07 카르마의 최종 집결지는 한반도

나의 종말에 나의 시작이 있다.
– 메리 스튜어드의 마지막 글귀

시작점과 끝점

2차원적 구조의 시간선상에서는 시작점과 끝점이 일직선이 된 것처럼 보이지만, 시간은 원이며 시작점과 끝점은 연결이 된다. 이것은 곧 과거, 현재, 미래가 동시에 중첩된 현재를 살고 있다는 것을 의미한다. 우리는 기억을 망각한 채로 시간은 과거에서 미래로 흘러간다고 믿는다.

태평양에 위치하던 무대륙(Mu大陸)이 가라앉고 난 뒤, 인도와 태국 등지에 부활했던 레무리아도 대홍수로 멸망하자, 살아남은 인류는 안전한 지역을 찾아 이동을 하게 되었다. 새로운 문명을 일구기 위해 처음 정착한 땅은 수메르 지역이었다.

일만 이천 년의 주기에서 카르마의 최초 시작점은 수메르에서 시작되었다. 수메르는 무대륙(Mu大陸) 멸망 후 북방루트를 통해 이주해온 세력들과 남방루트로 이주해오는 세력들이 만나는 지점이었다. 또한 서쪽의 아틀란티스와 남방에서 올라오는 레무리아가 만나는 위치이다. 동양과 서양의 분기점이며, 지정학적으로도 힘의 충돌이 일어나는 주요 분쟁지역이기도 하다.

카르마와 힘의 원리

힘의 충돌지점에서 최초의 카르마가 발생하게 되었고, 발생된 카르마는 이동하면서 새로운 에너지 장을 형성하게 된다. 이렇게 형성된 카르마 에너지 장에는 전자기적 인력이 형성되어 마치 태풍과 같은 에너지 장을 형성하게 된다. 카르마 에너지는 힘의 방향에 따라 함께 이동을 하게 되는데, 중심에 형성된 힘의 방향에 따라 카르마 장도 함께 이동을 해나간다. 카르마 장이 형성되어 이동하면서 전체가 하나의 카르마 장에 의해 영향을 주고받는다.

힘의 중심은 정지 상태에 가까우며, 작은 하나의 움직임이 바깥으로 갈수록 회전속도는 빨라지고 움직임은 많아진다. 이것은 마치 꼬리잡기 놀이와 유사하다. 머리는 꼬리를 잡고 꼬리는 머리를 잡으려 함에 따라 회전 움직임이 발생하는데, 머리는 조금만 움직여도 꼬리는 많이 움직여야만 한다.

각자의 영혼은 그룹의 사명 속에서 역할을 맡는다. 이때 유유상종이란 말이 적용되듯이, 비슷한 에너지는 비슷한 에너지끼리 함께 모이는 속성을 가지고 있다. 영혼은 자신의 인연이 있는 곳에 환생을 하게 되며, 그룹의 사명을 이루고자 반복해서 태어나게 된다.

예를 들어 레무리아의 역할을 가지고 있는 사람은 그에 맞는 남방계 루트를 따라서 태어났을 것이고, 환문명과 관련 있는 영혼은 북방계루트를 따라서 환생을 하게 된다. 현생에 있어서도 이와 관련된 나라나 문화에 강한 끌림이 작용하게 된다.

세상에 우연은 우연이 아니며, 이는 모두 인과의 관계에 의해 발생하는 자연의 이치이다. 자신과 맺은 인연은 과거 전생의 카르마 인연법으로 형성이 된다. 자신이 하는 행동과 성향 등은 전생에서 이어져 온 것과 더불어 현생의 환경에 의해 형성된다. 과거 인연의 고리가 현생에서도 반복되어 연을 맺으며, 카르마가 끊어질 때까지 반복된다.

해 뜨는 동쪽으로 가라

"해 뜨는 동쪽으로 가라! 그곳에서 다시 만나자"

문명의 시초점에 환웅이 있었고, 그중에서도 문명을 확장시킨 이는 치우천왕이었다. 아마도 치우천왕이 청구로 수도를 이동하면서 동쪽으로 이동하라는 메시지를 남겼을 것이다.

후대에 중원의 대륙에서 멸망하거나 쫓기던 왕들은 모두 동쪽으로 이동하여 한반도에 터를 잡았다. 한반도에서 쫓겨간 이들은 다시 일본으로 들어갔다. 계속 동쪽으로 몸을 숨기고 이동하였다.

　이 작은 한반도가 이제 지구중심이 되어가고 있다.

　북방계와 남방계의 경계선이 바로 38선이며, 북한은 남성성인 질서를, 남한은 여성성인 자유를 상징한다. 남과 북의 통일은 내 안의 여성성과 남성성이 통합을 이루는 것이며, 우리 모두 내 안의 조화로움을 찾을 때 이 에너지가 물질화되어 나타나는 표식은 바로 남북한의 통일로 나타날 것이다.

　그만큼 한반도는 카르마의 핵심 에센스가 모두 모인 곳이고, 태풍의 눈이 되어가고 있다. 즉 한반도에 기운이 몰리고 있다는 뜻이다.

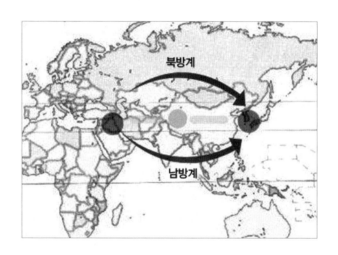

카르마의 클라이맥스는 한반도에서

한반도가 남방계와 북방계가 섞여 있듯이, 일본도 남방계와 북방계가 섞여 있다. 서양 열도에서 한반도로 들어올 때는 일본이란 문을 거쳐서 들어온다.

일본은 한국의 대문역할을 맡고 있으며, 사념체의 거름망 역할을 하고 있다. 일본은 부단히도 한국으로 기를 쓰고 들어오려고 한다. 지난 100년 동안 일본은 정신적으로나 물질적으로나 한민족을 아낌없이 가지려 했고, 한민족의 기를 최대한 눌러 놓으려 했다. 막으면 막으려 할수록 더 큰 힘이 터져 나오는 법이다. 중국과 일본이 두려워하는 것은 바로 한민족의 잠재된 정신력이다. 중국에서 발굴되는 유적을 아무리 감추려 해도, 일본이 아무리 역사를 왜곡하려 해도, 그들은 알고 있다. 진실은 드러난다는 것을…

남과 북의 통일은 여성과 남성의 혼례의식이며, 태극이 삼태극으로 전환됨을 말한다. 여성성과 남성성이 조화로울 때 문명은 꽃이 피지만, 극을 칠 때는 전쟁 혹은 기후변화가 따라온다. 문명의 최초 시작점의 아바타들이 한반도에 다시 환생하였으며, 이곳에서 마지막 카르마를 힘겹게 넘고 있다.

정신문명의 문을 열 주인공들이 한반도에 모두 모였다. 물질이 극을 치는 지금의 시스템에서 그들은 시스템 밖에서 안으로 들어간다. 그들이 움직이기 시작할 때, 그 힘은 어마어마하며 정신의 핵폭발처럼 세상에 퍼질 것이다. 각자의 카르마를 넘어설 때 비로소 자신의 본래 역할이 나온다.

시작과 끝점은 여기 해 뜨는 한반도에서 다시 탄생된다. 마지막을 장식하고 새로운 문명을 열 주인공들이 여기 한반도에 대거 들어와 있다. 카르마라는 굴레를 벗어버리고 내가 누구인지 자신의 정체성을 되찾아야 한다. 각자 자신의 본래 위치로 돌아가서 자신의 자리에 설 때 빛이 나는 법이다. 타 에너지의 감투를 벗고, 가식의 껍데기를 벗겨내고, 내가 나로서 바로 서는, 그 순간이 다가오고 있다.

우리는 지금 문명의 클라이맥스를 맞이하고 있다.

08 대쥬신(朝鮮)제국과 한반도 텔리즈먼

텔리즈먼이란?

텔리즈먼(Talisman)이란 한마디로 물체에 깃드는 힘이다. 물체에 강한 념(念)을 불어넣으면 그 에너지는 물체에 스미어 인간의 감정, 행동, 신념 등에 놀랄만한 영향력을 끼치는 것을 말한다. 즉 인간의 의식에 영험한 영향력을 미치는 물체라고도 할 수 있다.

일종의 부적과 같은 것으로, 고대인들은 텔리즈먼을 이용하여 우주 공간을 지구상에 표현해 놓기도 했고, 생활 다방면에 사용하였기도 하였다. 또 과학과 이성을 중시하는 서양에서조차 이 텔리즈먼은 지배계층 소수만이 알 수 있는 비전처럼 전해 내려왔으며, 이 텔리즈먼을 주로 이용하는 이들이 바로 프리메이슨이다.

그러나 고대 우리 조상들에게 텔리즈먼이란, 일상생활에서 누구나 사용하던 별로 특별하지 않은 에너지 법칙이었다. 이런 텔리즈먼을 서양의 프리메이슨들은 대단한 비전처럼 소중하게 지켜왔다. 또 이것을 지배계층에서는 비밀리에 아주 잘 활용하고 있다. 우매한 서민들에게는 미신으로 치부하도록 만들어놓고 사용에 제한을 두게 되었다.

텔리즈먼은 시간과 공간 그리고 4방위와 5원소를 이용한다. 풍수와 부적을 함께 이용하고, 도형과 상징을 통해 물체에 념(念)을 주입한다. 그리고 이름을 불어넣으면 비로소 완성이 된다. 여기에서 중요한 것이 '이름'이다. 이름을 통해서 기운이 당겨오기 때문이다.

이집트 신들이 프랑스로 이주하다

프랑스혁명 이후, 프랑스의 나폴레옹은 이집트를 정복하면서 이집트의 고대유물들을 파리로 옮겨온다. 이집트 룩소르에 있던 오벨리스크를 비롯하여 수많은 피라미드 유물들은 모두 서양의 박물관으로 옮겨졌다. 서양 프리메이슨들은 그리스와 이집트 사상을 바탕으로 유럽문명을 구축하게 된다. 즉 유럽이 문명다운 문명을 구축할 수 있었던 것은 르네상스의 부활로부터 시작되었다. 르네상스의 부활이란, 고대문명의 부활이다.

클레오파트라를 끝으로 로마가 이집트를 정복하면서부터 이집트는 고유의 색깔을 잃어버리기 시작했다. 근세에 프랑스는 파리에 이집트 텔리즈먼을 만들어 놓았다. 따라서 현재 이집트는 이집트 고유의 기운이 없어지고 껍데기만 남아있게 되었으며, 알맹이 에너지는 모두 서양으로 옮겨지게 되었다. 즉 무덤을 옮기면 죽은 자의 신이 따라오게 된다.

- 파리는 이시스의 배

텔리즈먼을 통해 이집트 신들은 대거 유럽으로 이동을 하게 되었고, 그곳에서 새로운 부활의 전성기를 맞이하게 된다. '파리'라는 이름도 이집트 여신인 이시스의 배를 '파리아'라고 한다. par−isis 즉 이시스의 배라는 뜻이다.

피라미드 형태의 루브르 박물관부터 오벨리스크 그리고 이시스 청동상까지 프랑스는 이집트의 텔리즈먼을 파리에 세팅해 놓았다.

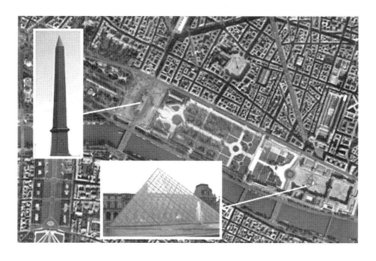

위의 그림처럼 파리의 루브르 박물관 일대는 마치 '이시스가 오시리스의 남근을 싣고 프랑스에 도착한 배'와 같은 텔리즈먼을 만들어 놓았다. 마치 이집트의 신들이 프랑스로 이주해온 것처럼 표현하면서 사람들의 의식 속에 이집트 기운을 자연스럽게 넣을 수 있게 되었다. 콩코드 광장은 오벨리스크와 피라미드를 싣고 있는 이시스의 배처럼 보인다. (텔리즈먼 이단의 역사 참조)

대쥬신제국(朝鮮)신들이 한반도에 환생하다

프랑스가 이집트 기운을 당긴 것처럼,·한반도는 대쥬신제국(朝鮮)의 기운을 가져왔다. 프랑스가 이집트 기운을 끌어온 것이 18세기 말 나폴레옹 시대였다면, 한반도가 대쥬신제국(朝鮮)기운을 끌어온 것은 조선 건국 때의 일이다. 고대 대쥬신제국은 세계 곳곳에 퍼져 있었다. 따라서 조선의 왕궁은 대쥬신제국(朝鮮)의 왕궁을 축소한 모델로 대쥬신제국(朝鮮)의 지명을 한반도에 그대로 옮겨놓아 그 기운을 끌어당겼다.

이처럼 한반도는 물질시스템의 클라이맥스를 장식하기 위한 새로운 장소로 선택이 되었고, 고대로부터 철저히 준비되어온 지역이었다. 한반도 지역은 대륙에서 피신한 왕들의 피난처이자, 아무도 범접할 수 없는 금기지역이었다. 피신한 왕들과 도인들이 모이는 곳이 바로 한반도의 산이다.

고대 이집트인들은 해가 지는 서쪽에 무덤을 만들었으나, 우리의 조상들은 해가 뜨는 동쪽에 무덤을 만들었다. 무덤을 옮겨온다는 것은 신을 모셔온다는 뜻이다. 따라서 중원대륙의 대쥬신제국(朝鮮)의 무덤들은 지명과 더불어 한반도에 그대로 이주되었다. 죽은 자의 혼령은 자신의 육신이 머무는 곳으로 따라가며, 자신의 후손이 있는 곳으로 따라 들어간다.

환웅 치우 – 해모수 – 이순신 – 고종

대쥬신제국(朝鮮)은 그 명맥이 끊길 때마다 가까스로 환웅의 환생이 이어졌고, 환웅 중에서도 치우환웅은 북부여의 해모수로 환생했다. 해모수는 바이칼호에서 북부여를 세웠다. 배달한국의 맥은 해모수에서 다시 부활하였으며, 북부여는 바이칼호에서부터 시작된다.

해모수는 정신의 문명을 봉인할 수밖에 없었던 고조선의 문을 '부여'라는 이름으로 다시 열었다. 본격적인 물질문명으로 진입하는 시대에 천제로 내려와 정신의 맥을 연결시킨 최초의 왕이었다.

또한, 임진왜란으로 조선의 맥이 끊어질 때는 이순신 장군에게 전쟁의 신이었던 치우의 기운이 들어왔고, 가장 마지막에는 1897년부터 3년간 고종의 의식 줄에 연결이 되었다. 시작은 마지막과 연결되기 때문이다.

고종은 서양과 일본의 압박 속에서 기울어가는 조선의 기운 줄을 마지막까지 붙잡으려 하였다. 중원대륙에 있던 원구단, 황궁우를 한반도로 가져와 새롭게 짓고 대한제국을 선포하였다. 또한, 황제의 자리에 올라 황제국임을 선포하였고 사대문 곳곳에 대쥬신제국의 정신을 텔리즈 면화시켜 봉인한 후, 긴긴 잠을 자게 되었다. (조선시대 유일하게 제사장과 왕의 역할을 겸비했던 왕은 고종뿐이다.)

원구단은 천자가 하늘에 제사를 드리는 제천단이고, 황궁우는 하늘과 땅의 모든 신령의 위패를 모신 곳이다. 즉 천신의 이름을 한반도로 모두 모셔온 셈이 된다.

에너지에 있어서 이름은 매우 중요하다. 이름은 곧 무형의 에너지에 성질과 역할을 부여하기 때문이다.

예로부터 천원지방(天圓地方)이라 하여 하늘에 제사 지내는 단은 둥글게, 땅에 제사 지내는 단은 모나게 쌓았다. 하늘은 ○이고 땅은 □이기 때문이다. 그런데 일제에 의해서 제천단은 허물어지고, 현재 그 자리에는 조선호텔이 들어서 있다.

광무 고종황제는 조선의 어떤 왕보다도 시대 여건이 힘든 상황에서도 자신의 역량을 충분히 발휘하였던 대쥬신제국의 마지막 황제였다.

우리가 알고 있는 고종의 이미지는 일본의 식민사관에 의해 그 참모습이 가려졌다. 시대적 변화의 흐름 속에서 국운이 기울 때 스스로 변화하려고 노력하였고, 사방의 적들 가운데 왕으로서 할 수 있는 최선의 일들을 충분히 하였다고 본다. 조선의 정신을 잇기 위해 적극적으로 투쟁하였던 대한제국의 황제였다.

배달환국의 환웅이자 인류의 아버지였던 치우환웅은 부여 멸망기에는 해모수로 환생하여 고구려 맥을 연결하였고, 임진왜란 때에는 이순신에게 힘을 실어주었으며, 일제 침략기에는 고종황제를 통해 대쥬신제국(朝鮮)의 맥을 연결하고 봉인한 뒤 100년 뒤를 기약하였다.

09 인종에 의한 분류

백인종은 아틀란티스의 난민

무대륙(Mu大陸)에 살던 인류는 4개의 인종으로 황인종, 홍인종, 청인종, 흑인종이 있으며, 백인종은 아틀란티스에서 건너온 종족이다. 부도지에는 황궁씨, 백소씨, 청궁씨, 흑소씨라고 4개의 종족을 이야기하는데, 백인의 뿌리는 아틀란티스로부터 기원하는 것으로 본다. 물론 레무리아 말기에는 아틀란티스인들과 상호 교류하여 5개 인종으로 보기도 한다.

무대륙(Mu大陸)이 멸망하고 난 뒤, 황인종은 한반도 쪽으로 들어와 동에서 서로 이동하면서 대륙으로 퍼져 나갔고, 홍인종은 아메리카 지역 그리고 흑인종은 아프리카, 청인종은 네팔 등지와 지구 속으로 들어갔다. 또한, 살아남은 일부 주민들은 인도를 비롯 동남아시아 부근에 무의 복본, 즉 레무리아를 건설하게 된다.

1만 년 전, 레무리아와 아틀란티스가 마지막으로 멸망한 뒤, 인류는 빙하기의 긴 잠을 자게 되었다. 지구가 새롭게 정비가 되고 난 뒤 인류의 봄이 시작될 즈음, 북극성의 환인은 지구에 새로운 문명의 판을 준비하게 된다. 무대륙(Mu大陸) 멸망의 기억을 갖고 있는 마고의 후예들은 되도록이면 높은 곳에 터전을 마련하였다.

본격적으로 정신문명에서 물질문명으로 세팅될 무렵, 대륙에 정착해 있던 무대륙(Mu大陸)의 후예는 북두칠성에서 내려온 환웅을 맞아들이고 새로운 문명을 일구게 되었다.

환국은 대륙에 광범위하게 퍼져있던 문명이었으며, 서쪽 스칸디나비아 반도와 인도 및 동남아 그리고 아프리카 등은 원시문명 상태였다.

레무리아에서 살아남은 자들은 조금씩 환국의 문명을 받아들인 반면에, 아틀란티스에서 살아남은 자들은 긴 잠을 자고 있었다. 북아틀란티스인들은 북극지역과 지구 기저로 숨어들어갔고, 일부는 지중해 지역으로 들어와 남아틀란티스인이 되었다. BC 4000~BC 3000경, 물질문명의 판이 깔릴 즈음, 이들도 다시 긴 잠에서 조금씩 깨어나고 있었다.

대륙은 황인종

원래 적당한 햇빛과 기름진 대지 사이에서 태어나는 종족은 황인종의 얼굴을 하고 있다. 즉 동서남북 네 방향의 중심에 土(황색)이 있듯이 중원대륙의 중심은 황인종의 주 무대였으며, 이들이 대륙역사의 주인공이었다.

환인의 환국이나 환웅의 배달국은 전 대륙에 퍼져 있었고, 인구가 증가하면서 대륙은 황인종이 대부분이었다.

정신문명에서 물질문명으로 바뀔 무렵(BC 3000년 경), 기후가 안정되자 북극과 지구 속 지하기지에 숨어있던 소수의 아틀란티스인들이 배를 타고 기후가 안정된 지중해 부근으로 서서히 들어오기 시작했다. 한편 인도, 호주, 뉴질랜드 등은 레무리아 대륙의 일부분이었으며, 2차 세계대전 당시 일본이 점령했던 동남아 지역들도 모두 레무리아의 복본 지역이었다. 중원대륙은 모두 범쥬신족의 영역으로, 인종은 황인종과 순수 아리안족이 대부분이었다.

백인종의 의식개화 (아담과 이브 코드)

백인종의 의식을 개화시킨 시점은 다시 수메르 시절로 들어간다. 수메르 지역에 니비루의 아눈나키들이 들어오면서 아눈나키와 길가메시의 연대가 이루어졌고, 길가메시는 아눈나키가 주는 정보를 통해 곡식창고의 여주 인안나의 권리를 빼앗았다. 이후 길가메시는 아눈나키의 하수인이 되어 신흥세력과 결탁을 하게 된다.

이때에 길가메시는 지중해 백인들을 잡아서 노예로 썼다. 길가메시 서사시에 나오는 엔키두가 바로 백인의 시초이다. 길가메시 서사시에는 엔키두를 다음과 같이 설명한다.

〈엔키두〉의 온몸에는 솜솜한 털로 덮여 있어서 나체이고 문화를 몰랐다. 그는 들에서 짐승들과 함께 풀을 뜯어 먹고 물 마시는 곳에서 여느 짐승들과 함께 물을 마셨다. 들짐승을 사냥하는 사냥꾼이 짐승들이 물 마시는 곳에서 〈엔키두〉의 얼굴을 만났다. 그들은 매우 무서워했다.

사냥꾼들은 〈우루크〉에 가서 〈길가메시〉에게 〈엔키두〉에 대하여 말하였다. 〈길가메시〉는 말하였다. 신전창부〈샴하트(Shamhat)〉를 데리고 가서 물 마시는 곳에 온 〈엔키두〉를 유혹해라. 그러면 그는 그 창녀에게 접근하고 짐승들은 그에게서 떨어져 도망갈 것이다.

사냥꾼들은 〈길가메시〉가 말하는 대로 하여 〈엔키두〉는 〈길가메시〉의 예상한 바대로 〈샴하트〉와 사귀었다. 6일 낮 7일 밤이 지났다. 〈엔키두〉는 들에 있는 짐승들에게 가려고 하였으나 짐승들은 그의 모습을 보자 도망쳐버렸다. 쫓으려 한 〈엔키두〉는 자신의 몸이 이전처럼 움직일 수 없음을 알았다. 그제야 인간이 된 것이었다.

〈엔키두〉는 몸을 깨끗이 하고 〈샴하트〉에게로 돌아왔다. 그는 이전보다 힘은 약해졌으나 그 대신에 지혜가 생기고 생각이 넓어져서 인간이 하는 말을 알아듣게 되었다. 〈길가메시 서사시 중에서〉

위 이야기를 보면, 성서가 수메르 신화를 차용하여 아담과 이브의 이야기를 만들었다는 것을 볼 수 있다. 뱀에 의해 유혹당한 이브가 아담을 유혹하여 사과를 먹게 하자, 눈이 밝아지고 지혜가 생겼다는 부분과 여자의 유혹을 받아 사귀자 엔키두에게 지혜가 생겼다고 한 부분이 거의 유사하다.

엔키두의 등장은 백인 남자의 등장이며, 아담의 탄생이기도 하다. 성경에 나오는 아담과 이브는 백인의 탄생을 이야기하는 것이다. 엔키두는 인간 여자와의 관계를 통해서 기름부음을 받았으며 이로 인해 아틀란티스 카르마가 백인의 의식 속에서 깨어나게 된 것이다.

길가메시는 아눈나키와 연대하여 아틀란티스 백인을 대륙으로 끌어들인 인물이며, 역사의 왜곡은 수메르에서부터 시작되었다. 이때부터 백인종 루트가 열리게 되었고, 잠들어 있던 아틀란티스의 기억이 무의식의 수면으로부터 떠오르게 되었다. 북극과 지하기지에 숨어있던 아틀란티스인들이 들어올 수 있는 통로를 열어주면서 백인들은 서서히 지중해 지역으로 들어와 세를 구축하게 되었다.

후대에 '니므롯69의 후예'를 자청하는 물질 지배자들은 백인종족과의 혼혈을 통해 세를 구축하고 외계 존재를 끌어들여 정권을 장악하였다. 이들이 바로 현재 살아있는 바빌론의 후예들이다. 즉 본래 땅의 여주인 인안나의 주권을 빼앗고 아틀란티스와 연대하여 외계 존재를 끌어들인 장본인이다.

아리랑은 한의 결정체

서쪽 그리드 망을 잘라낸 시점이 바로 인종의 디아스포라가 시작된 시점이다. 정착지의 이동은 이별의 한을 가져오며, 한민족의 무의식 속

---

69 성경에 등장하는 길가메시의 다른 이름

에 잠재되어 있는 아리랑 코드가 바로 여기에서부터 비롯된다.

아리랑은 한의 결정체이다. (남아틀란티스인들이 아라타에 침입하자, 순수 아리아인이 아라랏 산맥을 넘으면서 부르던 노래)

항해술을 통해 지중해로 들어온 남아틀란티스인들은 지중해 부근에 뉴 아틀란티스를 세웠으나 화산폭발로 가라앉으면서, 이들은 대거 대륙으로 들어오게 되었다. 이들은 그리스, 이집트, 아나톨리아 지역으로 들어오기 시작했다. 지중해 지역에서 들어오는 호전적인 이주민들로 인해 수메르인들은 이동을 하게 되었다. 지중해 지역으로 들어온 백인 난민은 아리안족을 뒤집어썼고, 순수 아리안인들은 페르시아 지역으로 이동하여 그곳에 정착하였다.

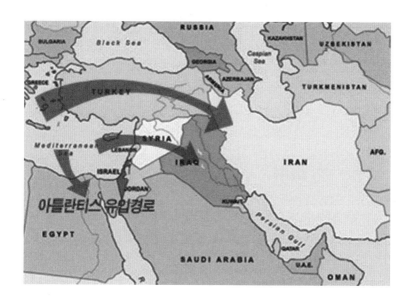

이들 백인 난민들로 인해 이 지역에 살던 황인족들은 동쪽으로 이주하게 되었으며, 동쪽으로 이주한 민족 즉 동이족이란 말이 생겨나게 되었다.

(동이족이란 東夷—동쪽의 오랑캐, 혹은 동쪽의 활을 잘 쏘는 민족이라 지칭하는데, 나는 동이족을 東移 즉 환웅의 뜻을 받들어 동쪽으로 이주한 민족을 동이족이라고 본다.)

따라서 환인, 환웅, 단군의 후예들을 동이족이라는 지칭하는 대신에 남은 이들과 떠난 이들 모두를 포함하여 '범쥬신족'이라 지칭하겠다. 대륙은 범쥬신족의 영역이었고, 환인, 환웅의 정신이 있는 곳은 모두 범쥬신족의 후예라고 볼 수가 있다.

수천 년을 내려온 환인과 환웅 그리고 마고의 찬란했던 우리의 문명을 아무리 숨기고 가린다 할지라도 어찌 손바닥으로 하늘을 가리겠는가!

지금의 문명은 물질문명이 극을 치는 세상이 되었다. 그러나 계절이 돌고 돌듯, 밤이 지나고 새벽이 오듯, 떠오르는 태양은 막을 수가 없다. 피어오르는 새싹을 밟는다 해도 봄은 다시 찾아온다.

외부로부터 들어온 카르마로 인해 음양의 조화가 깨어지면서 풍요의 여신인 인안나는 창녀가 되었고, 풍요의 남신인 치우는 전쟁의 신이 되었다. 풍요의 상징인 인안나가 곡식창고 열쇠를 빼앗겼다는 것은 인류가 불평등한 상황을 맞이하게 되었음을 뜻한다. 즉 밥줄에 의해 에너지를 저당 잡히는 의식의 노예화가 시작된 것이며, 이것이 지금의 현실이다. 식량을 지배하는 자가 세상을 지배하게 되었으며, 지금의 물질시스템이란 인간본능을 통해 의식을 통제하는 시스템인 것이다.

Chapter 04

문명의 전달자

유대인은 '문명전달자'라는 중요한 포지션을 맡고 있다.
나는 이들을 'Senders'라고 지칭하려 한다.
이들이 디아스포라의 운명을 가게 된 것은, 자의든 타의든 간에,
문명에서 문명으로, 문명의 에너지를 전달하는 역할을 맡았기 때문이다.

01 문명의 전달자 유대인의 업(業)

유대인과 프리메이슨의 나라 미국

현 물질시스템의 최고봉은 미국이다. 미국이라는 나라는 프리메이슨의 나라로, 유럽의 사상과 이념을 고스란히 옮겨놓은 신세계이다. 여기에는 다양한 이권과 이념들이 들어가 있지만 세계의 금권을 돌리는 배후에 유대인이 있다는 것은 많은 이들이 알고 있는 사실이다.

서구 유럽을 지배해왔던 로마 가톨릭에 반대하는 프로테스탄트들이 새로운 세력으로 부상하고 있었고, 이들은 그들만의 유토피아를 만들길 원했다. 로마 가톨릭에 의해 이단으로 취급받던 유대인에게 있어 미국이란 신세계는 유럽의 왕정시대에 출신 성분에 의해 차별받던 홍길동이 세운 율도국과 같다.

(남아틀란티스는 바티칸의 가톨릭으로 들어가 중세시대에 북아틀란티스를 억압 통치하였고, 르네상스 이후 종교전쟁으로 신교의 프로테스탄트 즉 북아틀란티스가 권력을 잡았다.)

미국이라는 나라는 영국, 프랑스 그리고 유대인이 주축이 되었으며 프로테스탄트와 프리메이슨 그리고 시오니스트들이 각자의 유토피아를 꿈꾸며 미국을 건국하였다. 이들의 최상층부에는 프리메이슨이 있다. 프로테스탄트와 유대인은 하부세력이며, 프리메이슨에는 유럽왕실, 유대자본가, 유럽지식층 등 다양한 이들과 연대하고 있다. 프리메이슨=유대인이라는 논리를 세우기에는 너무 포괄적인 접근방식이며, 이들은 상호 이권에 따라 연대하고 있을 뿐이다.

로마 가톨릭이 유럽을 지배하고 있을 무렵, 유대인은 이단으로 수많은 박해를 받아왔다. 이런 억눌렸던 한이 프랑스혁명을 기점으로 터져나오면서 프리메이슨은 본격적인 액션에 들어가게 되었다.

한민족과 유대인의 관계

서양역사에 있어서 유대인은 '문명전달자'라는 중요한 포지션을 맡고 있다. 나는 이들을 'Senders'라고 지칭하려 한다. 이들이 디아스포라의 운명을 가게 된 것은, 자의든 타의든 간에, 이들은 문명에서 문명으로, 문명의 에너지를 전달하는 역할을 맡았기 때문이다. 즉 유대인의 민족적 사명이다.

한민족과 유대인은 안과 밖이며, 정신과 물질로 구분된다. 내부는 빛이며 외부는 어둠으로 둘러싸인 공과 같다. 외부 표피는 다시 내부와 외부로 나눠지는데 내부에는 정신의 막달라가 있고 외부에는 물질의 야훼가 있다.

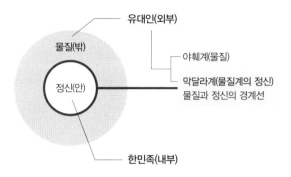

문명의 에너지를 전달하는 계급은 주로 상인이나 장인들이 그 역할을 담당해왔다. 유대인의 경우, 왕실에서는 천한 직업이었던 돈 만지는 일을 하게 되면서부터 물질기반을 다지기 시작했다. 오늘날 돈이 전부인 세상에서 이들은 유리한 고지에 서게 되었다.

그만큼 이들은 인간의 의식을 물질에 초점을 맞추게 하는데 성공한 셈이다. 여기에는 과학의 발전이 한몫을 담당하면서 일루미나티와 자연스러운 연대를 할 수 있는 배경이 형성되었다.

유대인의 디아스포라

유대인의 역사는 디아스포라 역사이다. 유대교(야훼교)란, 모세 이후에 생겨난 개념이며, 모세 이전의 사상과 모세 이후의 사상은 다르다.

모세와 함께 이집트를 탈출한 이들을 정통 유대교인(야훼교인)으로 보며, 모세 때부터 유대교(야훼교)가 생겨났다. 따라서 유대인의 시초는 아브라함이고, 유대교(야훼교)의 시작은 모세이며, 홍해를 건너 가나안 땅에 정착한 뒤 유대인들이 세운 왕국이 유대왕국이다.

유대왕국이 훗날 멸망하면서 바빌로니아로 유배당한 뒤, 이방인들 속에 섞여 살게 되면서 디아스포라의 역사가 시작되었다. 종국에는 유배당한 자들을 한데 불러 모은다는 희망이 팔레스타인 땅에 이스라엘을 건국하는 계기를 만들었다. 그러나 이스라엘이라는 땅은 옛 성지인 예루살렘을 되찾는다는 상징일 뿐, 유대인 디아스포라 종착지는 바로 '미국'이다.

BC 1세기 무렵, 순수 아브라함계 유대인(비야훼계)은 팔레스타인 보다도 이집트 알렉산드리아에 가장 많았으며, 야훼계는 이집트와는 기운이 맞지 않았다. (이슬람의 시조 이스마엘[70]은 아브라함 자손이나 모세직계는 아니다.)

예수 등장 후, 아브라함계의 순수 유대인은 막달라와 예수를 따라 초기 순수 그리스도교로 개종하였으며, 모세를 추종하는 사두개와 바리새파(모세-야훼파)는 예수를 끝까지 부정하면서 예수를 못 박는데 일조를 하게 된다.

유대인 중 일부세력은 콘스탄티누스 대제의 밀라노 칙령[71] 당시, 제국의 지배세력과 가톨릭으로 침투하였다. 로마제국을 운영함에 있어 강한 질서의식을 가지고 있는 야훼 일신주의는 로마제국에 강한 질서를 세우는데 도움이 되었고, 초기 순수 그리스도인을 견제하기 위한

---

70 아브라함과 그의 첩 하갈 사이에서 낳은 아들

71 313년 콘스탄티누스 대제가 밀라노에서 발표한 칙령으로 신앙의 자유를 인정하고, 타종교와 마찬가지로 크리스트교를 공인하였으며, 로마 제국 종교 정책의 전환점이 되었다.

목적으로 로마 가톨릭에 침투해 들어갔다. 정치와 결탁된 그리스도교는 이때부터 변질·왜곡되었고, 순수 유대인, 순수 그리스도인은 이단취급을 받으며 수면 아래로 들어갔다.

정치와 결탁되어 탄생된 로마 가톨릭(변질된 예수)과 정치적으로 패배한 야훼계 유대인들간의 카르마 전쟁은 2차 세계대전 당시 러시아혁명으로 수많은 기독교인들이 학살되면서 반복되었다. 즉 예수라는 인물을 중심으로 서로 죽고 죽이는 피의 역사를 만들었다.

유대인의 분류

유대인은 크게 네 부류로 나눠진다. 세파르딤 유대인, 팔라샤 유대인, 아슈케나지 유대인, 가나안 유대인이 있다.

1. 세파르딤 유대인

포르투갈이나 스페인계 유대인, 팔레스타인 및 중동 여러 나라와 북아프리카 유대인도 포함한다. 이들은 유대왕국 멸망 후 퍼져나간 유대인이다.

2. 팔라샤 유대인

솔로몬 왕과 시바 여왕의 아들인 메넬리크 1세의 후손들로, 에티오

피아 악숨(Axum kingdom)**72**왕국이 그리스도교를 받아들이면서 생겨났다.

3. 아슈케나지 유대인

흑해와 카스피해 사이에 하자르 왕국이 멸망하고 난 뒤, 동유럽으로 들어온 가짜 유대인(야훼교). 일반적으로 우리가 이야기하는 유대인이란, 인종적인 분류보다 유대교를 믿는 이들로 보아야 할 것이다.

4. 가나안 유대인

여기에 가나안 유대인을 하나 더 붙이고 싶다. 정통유대인을 벗어나 바빌론 왕국을 이어온 반 셈계 유대인으로, 그리스와 이집트 그리고 바빌론 왕국을 오가며 장사를 하던 상인계급. 이들이 오늘날 아슈케나지 유대인과 더불어 세계의 금권을 쥐고 있는 유대인 그룹이다.

오랜 세월 이들 Senders들은 문명을 오가면서 사념를 확산시키는 부류와 원 에너지를 지키는 부류로 나눌 수가 있다. 즉 퍼뜨리는 자와 지키는 자로 구분할 수가 있다. 퍼뜨리는 자는 상인그룹이고, 지키는 자는 장인그룹과 사제그룹으로 볼 수가 있다. 건축과 금은 유대인에게 중요한 생존도구였다.

72　BC 500년경, 아리비아 반도 남부의 셈족 시바 왕국에서 이주하여 온 사람들

유대인 계보

서양의 역사는 노아로부터 시작되었고, 노아로부터 모든 인종이 나뉘어졌다고 이야기하지만, 노아와 방주 이야기는 길가메시 서사시에서 나오는 이야기이다. 모세가 쓴 모세 5경은 수메르와 이집트 문헌들을 상당 부분 차용하였다.

환웅의 시대가 끝날 무렵, 대륙 전체에 퍼져있던 환웅과 마고의 문명 속에 아틀란티스문명이 들어오면서, 하나였던 에너지가 동과 서로 나뉘고, 남과 북으로 갈라지게 되었다. 동과 서가 갈리고 남과 북이 나뉘었던 고대 환웅 시절, 수메르를 중심으로 치우환웅은 서쪽을 내어주고 동쪽으로 천도하였으며 이때부터 물질문명이 시작되었다.

"해가 뜨는 동쪽으로 가라"는 치우환웅의 뜻에 따라 문명의 이별은 시작되었고, 수메르 지역은 니비루의 아눈나키의 손에 넘어가게 되면서 중동지역의 에너지 막이 뚫리기 시작했다.

아나톨리아 지역은 북쪽과 서쪽 지역에서 밀고 들어오는 세력으로 인해 수많은 문명의 소용돌이 속에 휘둘리는 접점이 되었고, 이로써 환웅시대는 막을 내리고 단군시대가 열리게 되었다.

동으로 간 단군과 서로 간 아브라함

중원대륙은 치우의 영향으로 질서가 잘 잡혀있었던 반면, 서쪽은 길가메시가 터놓은 우주에너지 문으로 니비루 아눈나키를 받아들이고 다량의 외계 신들이 등장하였다. 짐승 상태의 아틀란티스 백인들의 기억을 꺼내 올리기 위해 일종의 카르마 튜닝이 여기저기서 행해졌고, 카르마 튜닝의 도구로 성 에너지를 이용하면서 중동 일대가 성 에너지의 사념체에 장악당하게 되었다.

이때에 아브라함은 외부에너지에 점령당한 우르신전에 불을 지르고 떠나게 되는데, 이때 아브라함이 말하는 하나님은 '환웅'이었다. 아브라함은 외계신들이 우상화되어 있는 곳에서 벗어나 순수에너지 지킴이로 선택되었던 것이다.

길가메시에 의해 우르 지역의 신전들은 모두 타락하였고 다른 신들의 신전으로 덮어씌워 졌다. 환웅문명과 지구여신의 주권을 빼앗았으며, 그 위에 고스란히 자신의 위치를 얹었기에 교묘히 왜곡되고 변형되었다. 그 당시엔 옛 영광을 자신들의 권력기반으로 삼아 통치하였고, 후대에는 자손들로부터 옛 영광을 오해하게 만들어 버렸다.

이러한 상황을 빨간 모자 이야기로 예를 들면, 할머니로 변장한 늑대가 할머니라는 이름으로 권력을 누리다가 후대에는 '할머니가 늑대였다.' 이렇게 변질시켜서 손녀와 할머니를 영원히 분리시키는 결과를 가져오게 되는 것으로 비유할 수가 있다.
결과론적으로는 '할머니는 늑대였다'가 사실이 되는 것이다. 이러한 예처럼 가짜 주인은 본래의 진실을 왜곡시켜 접근할 수 없도록 만들어버렸다는 것이다.

　신전의 신녀들을 창부로 만들어버린 길가메시에 의해 본래 신전의 여주도 창녀로 만들어버린 결과를 가져왔고, '바벨론 신전은 성적으로 타락했다.'라는 공식이 성립되게 되는 것이다. 즉 중간에 침입한 세력에 의해 본래의 진실이 왜곡되고 변질되어 버린다. 그래서 새 술은 새 부대에 담는다는 말이 맞는 말이다.

아브라함의 하나님과 모세의 하나님은 다르다

　유대인은 모세 이전과 모세 이후로 나눌 수가 있다. 모세 이전 아브라함의 후예들은 제사의식을 무엇보다도 중요시했다. 이 제사의식이 한 민족의 제사의식과 상당히 유사하다. 이러한 제사의식은 고대 근동지방에 널리 퍼져있던 의식 중 하나였다.

　그들의 제사의식을 살펴보면, 귀신이 산사람으로부터 돌봄을 받지 못하면 귀신은 땅을 떠돌아다니면서 산 자에게 달라붙는다고 한다. 따라서 죽은 혼을 달래주어야 하는데, 그 돌보는 책임을 가진 사람을 '파키두'라 한다. 파키두의 책임은 주로 아들이나 가까운 친척에게 주어지며, 파키두는 신에게 정기적으로 먹을 것과 신선한 물을 제공해야 한다고 한다. 파키두는 죽은 자의 혼을 위해 '키스푸'라는 제사의식을 통하여 세 가지 행동을 취한다.

첫째로 그들은 제사 제물을 드리며,

둘째로 술과 같이 마실 것을 부어드리고,

셋째로 죽은 조상의 이름을 부른다.

마리[73]의 고문서에는 매월 초와 16일에 먹는 것과 마시는 것이 거의 표준화되어 있다고 한다. 우리의 초파일과 보름날 제사를 지내는 것과 유사하다.

위의 제사의식은 하나님께 드리는 의식이 아니라, 죽은 자를 위한 의식이다. 하늘에 드리는 의식은 '천제'만이 할 수 있는 의식이었다. 위와 같은 제사의식은 죽은 자를 이승에 붙잡아 두는 것이 아니라, 한을 풀어주어 이승에 머물지 않고 저승으로 가게 만드는 의식이다.

그러나 현재의 기독교는 조상에 대한 제사를 거부한다. 나 외에는 다른 신을 섬기지 말라고 한 하나님의 뜻에 따라 제사를 거부한다. 그 이면을 보면 기독교에서는 죽은 귀신을 더 끌어당겨 하나님으로 모시고, 내 조상은 귀신으로 쫓아내는 형국이다.

제사를 지낸다는 것은 이승에 떠도는 귀신을 저승으로 돌려보낸다는 행위인데, 이것을 귀신을 섬기는 것으로 착각을 하는가 보다.

현 기독교(가톨릭+개신교)는 순수 그리스도교가 아니라 정치와 결탁되어 변질된 종교이며, 순수 그리스도 의식을 왜곡시켜 이단이란 낙인을 찍고 접근할 수 없도록 만들어버렸다. 순수 그리스도인들은 내적 깨

---

73 유프라테스 중류 지역

달음에 바탕을 둔 수준이 높은 그노시스(gnosis)적 성격을 가지고 있으며, 수면 아래에서 드러내지 않고 있다.

고대 제사의식과 관련하여 스코틀랜드 상인 마구레오드라는 사람이 연구한 일본 고대사에 각종 제사의식과 생활풍속 등 여러 가지 전통행사들에서 유대인의 흔적을 찾아볼 수 있다고 설명하였다. 이는 일본이 백제의 왕족들에 의해 세워진 문명이라는 것을 위의 연구가가 모를뿐더러 해 뜨는 동방에 숨겨진 나라 한국을 모르기 때문이라고 본다.

02 카인의 신 야훼가 유대인의 하나님

고대 근동제의는 범쥬신족의 제의와 유사하다

기원전 2천여 년 전, 동쪽의 단군조선이 시작될 무렵, 서쪽의 수메르 지역은 광범위하게 퍼진 성사념체의 확산으로 기존의 신전과 더불어 인간의식 자체가 오염되었다.

서쪽 지역의 책임자로 선택된 아브라함은 바빌론 지역의 핵폭발을 피해 질서가 잡혀있는 이집트로 이주를 하게 된다. (아브라함의 하나님과 모세의 하느님은 다르다. 모세 때에 이르러 야훼라는 이름이 등장한다.)

고대 제의적 의식들은 모세의 유대교보다 가나안 근동지방에 그 원형이 더 잘 보존되어 있다. 유대인(야훼 계열)을 통해서는 온갖 사념들이 더해지면서 새로운 종교체계로 바뀌어 나가게 되었다. 즉 유대인은 이동에 따른 사념체 전달책이 되어버린 셈이다.

가나안 근동지방에 남아있는 범쥬신족 제의를 살펴보면, 가나안 근동의 주신인 바알신은 풍요를 담당하는 폭풍과 바람의 신으로 숭배되었다. 성경에는 '가나안인들이 바알과 아세라[74]를 숭상하고 있었다'라고 나온다.

• 바알은 지구남신, 아세라는 지구여신의 전승이었다.

바알과 아세라는 마치 천하대장군과 지하여장군처럼 나무로 깎아 만든 신상과 돌로 만든 입석들을 세워놓았고, 신전에는 분향소와 제단들이 마련되어 있었다. 태양, 달, 별자리 그리고 하늘의 모든 만상들을 숭배했다고 하는 것이 천제를 지내는 신당을 차려놓은 듯하다.

모세 이전에는 야훼를 숭배하지 않았다

유대교의 시작은 모세로부터 시작되었다. 모세 5경(창세기, 출애굽기, 레위기, 민수기, 신명기)은 함무라비 법전과 이집트 고서적들에서 발췌했을 것으로 본다. 모세가 섬기는 야훼는 유목민 신에 바빌론 법전 그리고 이집트의 교리를 덧칠하여 만들어진 마르둑[75]의 연장선상에 있는 신이다. 여신과 남신의 조화가 아닌 강한 남성신이자 유일신으로 등장하게 된다. 즉 환웅과 마고의 흔적이 남아있던 바알과 아세라 대신, 유목민의 신이었던 야훼가 모세로 인해 새로운 신으로 포장되었다.

---

74 가나안식 이름은 아세라 혹은 아스타롯, 바빌론은 이쉬타르, 수메르는 인안나

75 마르둑은 태양의 아들이라는 뜻이다. 원래는 아모리족의 신이었다가 바빌론의 수호신으로 등장하였다. 수메르 벨 엔릴과 합쳐져 벨 마르둑이라 불렸으며, 신들의 왕이라 불렸다. 창세신화에서는 신들을 멸망시키려던 티아마트를 죽여 세계의 질서를 잡았다고 하며, 우주를 창조하고, 신들의 거처를 지어주고, 병을 치료하는 등 여러 권한을 가지고 있다 하여 50개의 칭호를 가지고 있기도 하다.

바알과 아세라는 환웅과 마고 전승의 흔적이 들어가 있다. 바알이 치우의 껍데기적인 흔적의 신앙이라면, 유목민의 신이었던 야훼는 바벨론의 니비루 아눈나키와 시리우스 계열의 신들이 교묘히 섞이면서 들어온 물질문명의 주재신이다.

치우환웅이 서쪽을 내어줄 때, 이 물질시스템의 기반을 짜는 것은 니비루의 몫으로 내어준 결과, 지구라는 행성을 하늘과 단절시키고 자신들의 시스템 막을 겹겹이 설치하여 영혼을 지구에 붙잡아두는 카르마 장을 형성하게 된 것이다.

모세의 유일신 야훼가 등장하면서 여신은 사라지고 남신은 야훼로 대체된 결과를 가져왔으니, 어쩌면 가나안 근동지방이 과거 성사념체로 오염이 되었다고 하지만 그래도 고대의 관습은 여전히 내려오고 있었음을 볼 수가 있다.

카인의 후예와 야훼신

모세가 이집트에서 나와 미디안족의 아내 십보라를 얻는데, 모세의 장인은 미디안족의 사제였다. 강력한 제사장이자 무당인 모세가 시나이산(켄족[76]이 기도하는 산-호렙산으로도 불림)에서 접신되어 야훼의 음성

---

76 구약에서는 미디안족을 켄족이라 한다. 켄족은 구리 세공인이라는 뜻을 가지고 있으며 아랍어로는 카인이라고 한다.

을 듣고 이집트로부터 이스라엘 백성들을 구하기로 마음을 먹는다. 그 당시 모세는 이집트에 종속된 이스라엘 백성들의 의식을 하나로 모을 강력한 신이 필요했고, 이스라엘 백성들이 믿고 있는 다신교의 아텐 즉 태양숭배를 대체하는 강력한 신이 필요했다. 따라서 모세는 대대적인 종교단행을 개혁하기 위해 유목민이었던 미디안족의 신인 야훼를 이스라엘의 신으로 내세우게 된다.

미디안 사제인 이드로[77]가 모시는 신을 케니테의 신(神)이라고 한다. 케니테(Kenite), 즉 켄이라는 명칭은 카인에서 유래되었으며, 이들은 자신들을 [카인의 후예]라고 생각했다. 이들 켄족이 모시는 신이 바로 야훼였다. 창세기에 나오는 하나님은 야훼가 아니라 엘로힘[78]이다. 야훼라는 이름은 모세 때에 이르러 처음 YHWH라고 드러낸다.

유대교와 기독교에서 말하는 하나님, '야훼'는 강력한 남성신이자, 카인의 후예인 켄족의 부족신이었다. 즉 야훼는 아담의 장남인 카인 자손의 몸을 타고 내려오다가 모세에게 접신이 되어 비로소 등장하게 된 것이다.

---

77 모세의 장인

78 전능하신 하나님을 뜻하며 신들을 나타냄. (단수가 아닌 복수)

신도 포장이 중요하다

야훼라는 유목민 신이 바벨론 문명과 이집트 문명의 옷을 입고 새롭게 탄생된 결과, 서양의 종교는 신에게 계속된 권위를 덧붙였다. 정치와 권력에 의해 신은 새로운 옷을 입었고, 그 힘은 점점 커져갔다. 야훼라는 신에 이집트 신이 첨가되었고, 이어 바벨론 신이 첨가되었고, 점점그 힘이 막강해져 갔다. 신은 인간의식에 의해 그 힘이 커진다. 신의 힘을 키우는 것도, 약하게 하는 것도 모두 인간의식에 달려있다.

문명의 전달자 시간을 따라가다

유대인이 센더스 역할을 하면서 에너지를 전달한 곳은 아래와 같다.

이집트 ···▶ 가나안 ···▶ 아시리아 ···▶ 바빌론 ···▶ 페르시아 ···▶ 마케도니아
···▶ 로마 ···▶ 유럽

유대인은 과거 찬란했던 문명들은 모두 거쳐 온 셈이다. 이집트문명,바빌론문명, 페르시아문명, 그리스문명, 로마문명 그리고 유럽까지…

유목민의 성향을 그대로 반영하듯이, 이들은 장소가 아닌 시간의 문명을 따라갔다. 거기에 하나님의 아들이라 불리는, '예수'라는 이름의사내가 등장하면서 유럽에는 새로운 의식전쟁이 일어났다.

- **예수라는 아바타를 두고 수많은 그룹의 의식전쟁이 시작되다**

예수 사후, 예수라는 인물을 두고 서로 다른 해석을 내림으로 인해 그룹별 의식전쟁은 치열하게 전개되었다. 이는 영계의 의식을 장악하는 자가 인류의 의식을 장악하기 때문에, 이때 당시 예수라는 아이콘은 의식혁명의 중심에 선 인물이었다. 누가 신의 자리를 선점하느냐에 따라 지구판도가 결정되기 때문에 저마다 치열한 의식전쟁을 치르고 있었다. 물론 당시의 의식 수준에 맞는 의식이 대중적인 지지를 받으며 전면으로 드러나게 되었고, 광범위하게 퍼진 그리스도 의식을 로마가 받아들일 수밖에 없는 상황에까지 이르게 되었다.

03 지구 여사제 막달라 마리아

우리 한민족의 역사에 비하면, 이스라엘은 왕국다운 왕국을 유지한 것이 500년도 채 안 된다. 그 뒤로는 계속 떠돌이 생활을 하게 되었고, 카인의 후예처럼 표식을 가지고 문명의 전달자 역할을 맡게 되었다. 한민족 7천 년의 역사 속에 유대인 역사는 그중 일부분일 뿐이다.

1300 BC	모세에 의해 유대족 이집트 탈출
1200 BC	팔레스타인 정착(초대왕 베냐민파의 사울) 히브리왕국 건립
990 BC	다윗 왕에 의해 유대통일(유다 지파)
950 BC	솔로몬 왕 예루살렘에 신전구축 북 이스라엘/남 유다로 나뉨 북 이스라엘은 아시리아에 멸망(BC 8세기) 남 유다는 신 바빌로니아에 멸망(BC 6세기) – 유다 엘리트 끌려감
539 BC	페르시아 바빌론 정복 – 유대인 풀려남
332 BC	알렉산더 대왕에 의해 이스라엘 헬레니즘화 됨
63 BC	로마 폼페이우스에 의해 예루살렘 정복 됨
37 BC	헤롯대왕 로마에 의해 이스라엘 왕이 됨
4 BC	예수 탄생

유다 지파 예수와 베냐민 지파의 막달라 마리아

예수의 아버지 요셉은 유다 지파이다. 예수가 성모 마리아에 의해 처녀 수태가 되었다고 하는 것을 보면, 요셉의 정통아들이 아님에도 불구하고 성경은 교묘히 예수를 다윗의 후예로 만들어버렸다.

반면 막달라는 베냐민(Benjamin) 지파의 왕녀이다. 초대 사울왕이 베냐민 지파이고, 사도바울도 베냐민 지파이다. 베냐민 지파는 모세가 이끈 유대인들이 가나안 지방으로 밀고 들어왔을 때 정통 가나안 인들이다.

유다 지파의 예수와 베냐민파의 막달라가 혼인을 한다는 시나리오는 후대에 유다 지파와 베냐민 지파의 통합을 유도하기 위해 만들어진 시나리오이다.

예수와 막달라의 혼례의식은 영적인 부분이다. 진정한 여신에너지와 남신에너지의 만남이며, 이들의 혼례의식은 고대 혼례의식의 부활이었다. 즉 지구의 여주 인안나로부터 기름부음을 받은 이가 진정한 왕으로 탄생한다는 고대 혼례의식을 막달라 마리아와 예수가 주인공이 되어 끊어진 고대 혼례의식의 명맥을 이었다.

즉 예수 드라마는 고대예언을 물질적으로 실행한 것이며, 하늘 후손인 왕녀의 기름부음을 받은 자만이 진정한 서방의 왕으로 등장한다는 이야기이다. (환웅과 인안나 시절에는 지구의 왕으로 선포되었으나 동과 서가 분리되고 난 뒤, 동쪽은 환웅의 적통 라인으로 이어졌고, 서쪽은 인안나 후손인 왕녀가 왕을 선택할 권리가 있었다. 따라서 예수는 서방의 왕이며 동방에는 환웅의 적통 줄인 해모수가 있었다.)

예수의 등장은 기존시스템을 붕괴시키는 핵심 아이콘으로 등장했다. 이때부터 예수의 사상은 박해를 받기 시작했다. 즉 이 시스템을 붕괴시키는 위험한 인물이었기 때문이다.

의식관념으로 쌓아 올린 시스템을 전환시킬 때 예수와 같은 네오가 항상 등장했다. 예수는 파괴자이자 창조자이다. 기존 관념을 부수는 파괴자이고 새로운 의식을 심는 창조자였다.

예수는 인간의식 시스템을 전환하기 위한 매트릭스의 네오일 뿐이다! 이제는 예수라는 틀을 깰 새로운 네오가 등장해야 하는 시점이며, 실험은 모두 끝났다. 진실을 가렸던 장막을 들어 올리는 때가 다가왔다.

리더는 인간의식을 앞서가기 때문에 어떤 이에겐 광(光)인이요, 어떤 이에겐 광(狂)인이다. 리더를 따라 하는 자들이 많아지면 유행이 되고, 인간의식이 받아들이지 못하면 묻혀버린다. 그러나 예수의 사상은 죽고 난 뒤에 빛을 발하게 되었다. 그 시대가 받아들이지 못하는 그 이면에 숨겨진 의식들은 막달라에 의해 비전처럼 전해져 왔다. 막달라 마리아는 유대인으로부터도 버림받고, 로마 기독교로부터도 버림받은 존재가 되어 숨을 수밖에 없는 처지가 되었다.

로마의 콘스탄티누스 대제 때, 기독교를 받아들이고 난 뒤에도 로마 가톨릭은 지구 여성성의 자리에 인안나의 후예인 막달라 마리아 대신 성모마리아를 앉혀놓았다. (유럽에 문명을 전파한 것은 막달라 마리아이다.) 남성중심인 사회에서 막달라 마리아는 세상에 나와서는 안 되는 인물이었다.

세상에 나올 때는 때를 잘 맞춰야 한다

기존 시스템이 붕괴될 때에는 새로운 의식이 홍수처럼 봇물 이루듯 쏟아져 나와야 한다. 그러나 의식이 일정 부분을 넘지 못하면 전체 판을 바꿀 수 없다.

막달라 마리아의 후예인 카타리파는 12세기에 세상으로 나왔다. 그러나 너무 일찍 핀 꽃은 로마 가톨릭의 강력한 질서에 밟혀버렸다. 그들은 못다 핀 꽃으로 떨어졌다. 그래서 막달라 마리아는 숨겨진 신부이며 인어공주 신세가 되었다. 두 다리를 가지고 세상으로 나왔으나 말을 잃어버려 숨을 수밖에 없었던, 그 자리에는 이미 다른 공주가 앉아있었다. 물거품이 되어버릴 수밖에 없었던 숨겨진 공주가 바로 막달라 마리아였다.

막달라 마리아와 예수의 혼례의식

'예수에게 기름부음을 한 지구왕녀 막달라 마리아'

막달라 마리아가 임신한 채 이집트로 들어가 그곳에서 '사라'라는 딸을 낳고 프랑스로 들어가 그곳에서 교회를 세우고 그곳에 묻혔다는 이야기는 영국 법정에서 다루어진 내용들이다.

막달라 마리아와 예수가 신성한 혼례의식을 치렀던 것은 영적으로 보았을 때, 예수인 하늘 사람이 지구 카르마를 대속하면서 지구 인간이 되는 행위이다. 즉 남과 여가 만나 결혼하는 의식 자체가 이러한 상징을 내포하고 있다.

하늘과 땅의 만남이 지상에서 인간을 통해 새로운 에너지, 신성한 에너지가 뿌려진다는 것은 오래된 사상이요, 결혼의례는 환웅 때부터 전해오는 오랜 전승 중 하나이다.

남자라는 하늘 사람이 여자라는 땅의 사람과 만나는 것은 신성한 태극의 형태이며, 음양조화이다. 음양이 조화로울 때 비로소 삼태극의 조화에너지가 이 땅에 뿌리내린다.

예수도 지구시스템에 들어오기 위해서는 막달라 마리아의 기름부음을 받아야 했고, 기름부음을 받음으로 인해 비로소 음양이 조화로운 인간으로 재탄생 된다. 이것은 오랜 전승 속에 전해오던 신성한 의례 중 하나였다. (레오나르도 다빈치의 모나리자에는 남성성과 여성성이 모나리자의 얼굴 안에 나타나 있다. 내 안에 여성성과 남성성이 조화로울 때 비로소 완전해진다.)

감추어진 신부, 잃어버린 여성성이 서양에 새로운 문명의 흐름을 만들어냈고, 막달라 마리아 전승은 프랑스 곳곳에 상징으로 혹은 비전으로 전해져 내려오고 있었다. 또한, 프리메이슨의 기운 줄은 막달라 마리아로 이어진다. 인안나, 이쉬타르, 아세라, 키벨레, 비너스, 막달라 마리아로 이어지는 지구여신의 비밀을 알고 있는 그룹이 바로 프리메이슨이다.

막달라 마리아에 의해 전해진 비밀의식이 훗날 템플기사단에게 비전으로 들어갔고, 템플기사단과 프리메이슨은 상호연대 속에서 비전을 전수해왔다.

프리메인슨(Free main son)에 대해 아래와 같이 정의하고자 한다. 프리메인슨(Free main son)의 역할은 예언을 실현하는 그룹으로, 프리메이슨(Freemason)안에 프리메인슨(Free main son)이 들어가 있다. 프리메인슨이 핵심코어이며, 프리메이슨은 껍데기와 같은 코어의 보호막이다. 즉 어둠 안에 빛이 들어있는 형국이며, 혼을 감싸고 있는 육체와 같다. 빛을 감싸고 있는 어둠의 장막(관념의식)이 거두어질 때 태양의 빛이 드러난다.

막달라 마리아의 사상에는 에세네파의 사상, 즉 영지주의 의식(그노시스)이 전반적인 교리로 들어가 있으며, 프리메이슨과 영지주의는 또 함께하게 된다. 이렇게 막달라 마리아 의식은 템플기사단, 영지주의, 프리메이슨 속에 상징적 코드로 들어가 있으며, 서양의 정신적 지주로서 작용을 하게 되었다.

막달라 마리아와 예수의 이야기는 상징적 코드로 이시스와 오시리스 전승으로 대치되기도 하며, 이 모두가 음양조화 사상이 내포되어 있다.

04 하자르의 후예 아슈케나지

아슈케나지 유대인

세계를 주무르고 있는 아슈케나지[79] 유대인은 동유럽에서 서유럽으로 이주한 독일계 유대인을 지칭한다. 먼저 아슈케나지를 한마디로 정의하자면, 서양 백인과 동양 투르크계의 혼혈종족이다.

다시 말해, 아슈케나지 유대인은 하자르(투르크계)+백인(북아틀란티스)+야훼 유대교가 혼합되어 탄생된 종족이다. 이들 아슈케나지 유대인들은 서양 백인과 동양인의 혼혈을 통하여 서양의 물질적 사고관과 동양의 정신적 사고관을 동시에 가질 수 있었다. 따라서 이들 아슈케나지가 세계를 지배하는 세력으로 떠오를 수 있었던 것은 물질과 정신을 모두 쥐고 있기 때문이다.

즉 서양의 북아틀란티스계 백인과 동양의 하자르계[80]가 만나 동양의 직관과 서양의 기계적 사고를 동시에 포함한 아인슈타인이나 마르크스와 같은 천재 아슈케나지 유대인을 많이 배출할 수 있었다.

---

79 유럽에 거주하던 유대인

80 7~10세기에 카프카스 지역과 흑해 북부의 볼가와 돈 강을 잇는 지역에 존재했던 백색계 유목민족.

(이는 서양의 카르마 시스템을 벗어나 동양의 카르마 시스템으로 들어오고자 하는 비의가 담겨있다. 서양인은 정신적인 업그레이드가 되어야 동양인으로 태어날 수가 있다.)

하자르의 후예 – 아슈케나지

하자르의 피가 섞인 아슈케나지는 투르크족(돌궐족)이다. 돌궐제국 멸망 후(6세기), 위그르, 불가르, 하자르 등 투르크 계열의 제국들이 세워졌다. 하자르는 돌궐의 한 지파로, 남러시아 초원과 흑해 그리고 카스피해 사이에 정착한 서쪽의 스키타이 전사들이다.

위그르, 불가르, 하자르 등 투르크 계열은 최고의 지배자를 카칸(각하와 비슷하다)이라 한다. 마치 몽고의 칸과 비슷한 왕이라는 뜻이다.

하자르는 도시와 건물을 짓고, 대지를 경작하고 정원과 포도밭을 일구며 무역과 조공이 주요한 수입원이었다. 이들은 크림반도의 그리스를 비롯, 헝가리, 불가리아 등에서 조공을 받았다. 크림반도에서 들어온 그리스 백인들과의 혼혈로 하자르 지역이 점차 백인화가 된 것으로 보인다.

965년 하자르는 러시아 키예프공국에 의해 멸망하게 되고, 이들은 훗날을 도모하다가 1000년이 지난 19세기에 공산정권으로 화려하게 등장을 하였다.

6세기 말~	서돌궐과 동돌궐제국 해체
7세기 초 이후	하자르족의 하자르왕국 건설
8세기 후반	유대왕국이 된 하자르왕국
10세기 중엽	러시아(루시) 세력에 의해 하자르왕국 멸망
11세기 초	하자르 잔여세력의 비잔틴 제국(동유럽) 복속과 그들의 비잔틴제국 정착
17세기	러시아와 동유럽의 유대인 박해로 많은 하자르 출신 유대교 신자들의 서유럽 진출과 독일식 유대교 예배의식 채택
17세기 이후	오리지널 유대인들이 이주해온 하자르 후예들을 아슈케나지로 명명

하자르 왕국은 왜 유대교를 채택했을까?

정치적 관점으로 살펴보면, 하자르는 위치상 이슬람과 비잔틴정교회 사이에 위치하였으므로 중립적인 입장을 취할 필요가 있었다. 따라서 기독교와 이슬람의 공동 시조인 아브라함이라면 둘 다를 만족시키면서 중립을 유지할 수 있을 거라는 생각으로 유대교를 채택한 것으로 보인다.

또한, 하자르 왕국이 세워질 무렵, 유대인들은 로마 가톨릭의 박해를 받고 있었고, 중동은 점차 이슬람화가 되고 있어 이들 유대인은 하자르 지역 근처로 이동하면서 교류가 있었던 것으로 보인다.

하자르 왕국의 왕 중심체제는 유대교의 유일신 사상과 유사하며 로마공화정(민주주의)과는 다른 공산주의체제가 비슷하였기에 유대인은 하자르에 쉽게 동화될 수 있었다.

하자르 왕국은 훈제국의 후예들로, 훈제국은 유럽의 정보를 얻고 길잡이를 할 수 있는 유대인을 필요로 하였다. 또한, 스키타이 후예인 하자르 왕국과 유대인 모두 '금'과 연관이 있으며, 제사 지내는 의식도 유사하다.그러나 유대교는 명목상 채택되었고 소수의 계층이 믿었을 뿐, 하자르의 백성들은 대부분 샤머니즘이 가장 많았다.

600~850년경 하자르 영토

하자르 유대인과 카타리파와의 만남

하자르 멸망 후, 하자르 인들은 그 당시 마자르(헝가리)로 들어가 지배계층이 되었다. 하자르에 있던 유대교인들은 동유럽 등지로 퍼지면서 유대공동체를 형성하게 되었고, 이들이 아슈케나지가 되었다.

이 무렵 프랑스에 거주하던 막달라 후예들이 11세기경 카타리파로 부활할 때, 로마 가톨릭의 마녀사냥에 의해 쫓겨간 막달라계(순수 유대 인)와 10세기경 멸망하여 동유럽으로 들어온 하자르 유대인과의 연대 가 이루어졌을 것으로 본다.

이들 카타리파[81]와 템플기사단[82]은 로마의 박해를 피해 일부는 스코 틀랜드로 들어가고, 일부는 동유럽으로 들어가 하자르 유대인과 조우 를 한 것으로 본다. 또한, 카타리파에 영향을 준 불가리아의 보고밀파 [83]가 있다.

불가리아 보고밀파는 마니교를 국교로 선택했던 위구르가 하자르로 들어갔고, 하자르 멸망 후 불가리아에 영향을 끼쳤다고 본다.

10세기 무렵 불가리아의 보고밀파를 시작으로 발칸반도를 비롯하여 프랑스 카타리파에 불을 지폈다. 이들은 로마 가톨릭에 반대하는 영지 주의적 성향의 기독교들이었는데, 로마 가톨릭에 의해 무참히 학살을 당하는 사건이 프랑스 남부지역에서 행해졌다. 이들은 이단으로 몰렸으 며 같은 이단으로 몰린 유대인들과 동병상련의 처지가 되었다.

살아남은 카타리파와 템플기사단 그리고 유대 상인과의 연대가 프리 메이슨의 조용한 움직임을 만들어내게 되었다. 훗날 지적 욕구에 목말 라하던 지식인층 계급이 프리메이슨에 가입을 하게 되면서 르네상스라 는 문화적 부흥을 가져오게 된다.

---

81 12, 13세기에 유럽에서 위세를 떨친 그리스도교. 이단이라 하여 로마의 박해를 받았다.

82 중세 십자군 시대의 3대 종교기사단 가운데 하나

83 10세기 불가리아에서 생겨난 운동으로 이원론적 우주관 - 조로아스터, 마니교와 유사

세파르디 유대인과 아슈케나지 유대인

아슈케나지 랍비는 갓처럼 생긴 원통형 신사 모자를 썼고, 세파르디 [84]랍비는 터번을 둘렀다. 유대인은 디아스포라의 역사를 가지고 서양 유럽의 곳곳에 배치되어 있으며, 돈이 있는 곳엔 항상 유대인이 있어왔다.

지역	유대계	의식	인종
서유럽(스페인)	세파르디 유대인	바빌로니아 의식	갈색머리 서양인 얼굴
동유럽(독일)	아슈케나지 유대인	게르만계 의식	백인계 서양인 얼굴
중동(팔레스타인)	동방 유대인	팔레스타인 의식	중동계 얼굴

유럽왕실의 돈을 관리하던 유대인들이 유럽왕실의 전복으로 말미암아 허공에 뜨게 된 돈들을 맡게 되면서 이들은 엄청난 부를 손에 넣게 되었다. 유럽의 전쟁을 부추기고 왕실의 몰락을 가져오면 이익을 가져가게 되는 것은 이들 유대인들이었다. 즉 전쟁을 하면 할수록 이득을 보는 이들이 바로 유대인이었다.

(이것은 마치 조선 말기 고종황제 당시 명성왕후의 돈을 관리하던 민영휘 가문이 왕가의 몰락으로 그 돈들을 위탁받아 일본 국고에 넣기보다는 차라리 조선은행을 만들어 돈을 보관하겠다고 설립한 은행이 바로 최초의 은행 천일은행이며 지금의 우리은행이 된 것과 유사하다.)

세파르디 유대인과 아슈케나지 유대인은 1948년 이스라엘 정부가 탄

---

84 스페인과 포르투갈에 살던 유대인의 후예

생되고 지금의 이스라엘 땅으로 이동하였다. 그러나 이 둘은 문화적 공유성이 없는 집단이라 서로 이질감을 느꼈다. 1970년대 이스라엘에서 백인계 유대인과 중동계 유대인 간의 인종대립이 극심할 때 세파르디 유대인 청년들이 "아슈케나지는 하자르(터키)로 돌아가라", "너희는 아브라함의 자손이 아니다."라는 벽보를 붙인 적이 있다고 한다.

고기를 먹는 아슈케나지와 고기를 먹지 않는 세파르디… 이스라엘에서 조차도 이들은 서로 맞지 않는다. 세파르디는 종교적이고, 아슈케나지는 정치적이다. 이 둘이 공존하는 것, 역시 정치적이다.

하자르인의 특징

다음은 아랍인 이븐 파들란이 본 하자르인에 관한 내용이다.

1. 대 카간이 죽으면, 그를 위한 거대한 건물을 짓는다.

이 건물에는 20개의 방이 있으며, 각각의 방에는 그를 위해 만들어진 무덤이 있다. 돌들이 모래가 될 때까지 쪼개어져서 그 바닥에 뿌려지고 그 위는 역청으로 덮인다. 그 건물 아래에는 강이 흐르고 있으며, 이 강은 폭이 넓고 흐름이 급하다. 왕이 묻히고 나면, 그를 묻은 이들은 참수당하며, 따라서 그 누구도 카간의 진짜 무덤이 어느 방에 위치하는지 알지 못한다. 그 무덤은 '천국'이라고 불리며, 그들은 죽은 카간을 가리켜 "그는 천국 문에 들었다."라고 말한다. 모든 방에는 금사를 넣어 짠 비단이 펼쳐져 있다.

⇨ 순장[85]

2. 하자르 인들은 그들의 금은 세공솜씨로 유명하다.

⇨ 신라, 가야도 금은세공이 유명하다.

3. 얼굴은 오만하고 넓으며 눈썹이 없는데, 그들은 마치 여자처럼 머리를 길게 길러 늘어뜨린다.

4. 잠간(Zamgan)이라고 불린 대상의 숙사에 묵었다.

⇨ 우리나라 언어에도 뒷간, 곳간처럼 장소에는 '간'이라는 말이 붙었다.

5. 그들은 자신들과 신을 연결해주는 어떠한 종교도 갖고 있지 않으며 그렇다고 이성에 의한 지도를 받는 것도 아니다. 그들은 그 어느 것도 숭배하지 않는다. 대신 그들은 자신들의 우두머리를 '왕'이라고 부른다.

6. 열두 명의 신들을 숭배하니, 겨울의 신, 여름의 신, 비의 신, 바람의 신, 나무의 신, 인간의 신, 말의 신, 물의 신, 밤의 신, 낮의 신, 죽음의 신, 이승의 신이 그것들이다. 천상에 거주하는 신이 그들 중에서 가장 위대하긴 하지만, 다른 신들의 조언을 구하는 것은 마찬가지이며,

---

85 어떤 죽음을 뒤따라 다른 사람이 스스로 목숨을 끊거나, 강제로 죽여서 주된 시신과 함께 묻는 장례 습속

따라서 모두들 다른 신들의 행동에 서로 만족한다. 우리는 밤을 숭배하는 이들도 보았고, 물고기를 숭배하는 이들도 보았고, 학을 숭배하는 이들도 보았다."

7. 카간의 칭호를 가지고 있는 하자르 인들의 왕에 대해서 말하자면, 그는 1년에 넉 달간만 대중에게 자신의 모습을 보인다. 그들의 신민들은 그를 대 카간(Great Kagan)이라고 부른다. 그의 대리인은 카간 베크(Bek)라고 불리는 사람인데, 그는 군대를 지휘하고 군대를 조달하고 국사를 관장하고, 대중 앞에 모습을 보이고, 전쟁을 이끈다. 인근의 군주들은 그의 명령에 복종한다.
　⇨ 체스나 장기와 유사한 시스템

8. 하자르 인들의 왕은 스물다섯 명의 아내를 취하는 것이 그들의 관습이다. 그 아내들은 그에게 충성을 맹세한 봉신들의 여식이다. 그녀들을 자발적으로 보내지기도 하지만, 강제로 끌려온 이들도 있다. 그 외에 그는 60명의 후궁을 두고 있으니, 그녀들 모두가 천하절색이다.
　⇨ 고려 왕건도 29명의 부인을 맞이하였다.

그다음에 이븐 파들란[86]은 카간의 하렘을 묘사하고 있으니, 여기서 카간의 여든다섯 명의 왕비와 후궁들은 "각자의 궁전"과 수행원, 혹은 환관을 소유하고 있으며, 이들은 왕의 명령이 떨어지면 "눈 깜짝할 사

86　10세기 아랍의 학자이다. 922년 5월, 압바스 왕조 칼리프의 명으로 불가르 지역 일대를 여행하면서 쓴 방대한 여행기가 있다.

이에” 그녀들을 카간의 정자로 데리고 온다고 기록하고 있다.

　10. 결혼 행진에는 그 수행원들과 노예들은 차치하더라도 수레에 실린 열 개의 천막이 이어졌으니, 이것들은 “가장 훌륭한 비단으로 만들어졌으며, 각각 금은으로 도금한 문이 달렸고, 그 바닥에 담비가죽이 덮여 있었다. 20대의 다른 수레들에는 금은 항아리와 다른 보물들이 그녀의 지참금으로 실려 있었다.”고 한다. 카간 자신은 훨씬 으리으리한 이동식 천막을 타고 이동했으니, 그 천막 꼭대기에는 순금제 석류장식이 달려 있었다.

아슈케나지가 세운 나라 소련

　소련이 생성된 것을 보면, 하자르의 후예 아슈케나지에 의한 공산주의 건설이라고 볼 수 있다. 몽골계 피가 섞인 레닌은 스키타이 하자르 혼혈, 그리고 마르크스는 독일계 아슈케나지, 그리고 그루지아 출신 스탈린은 하자르로 들어온 야훼 계열이다.

　즉 이들은 같은 유대계이지만 기운 줄이 다르다. 마르크스, 레닌, 스탈린은 기운 줄이 다르기 때문에 공산주의를 확립함에 있어 비슷한 듯 보이나 이들의 이념은 각각 다르다.

　로스차일드가의 경우 전형적인 아슈케나지로 세 가지 유형을 모두 갖추고 있다. 스키타이계 + 바빌론계(야훼 유대교) + 백인(북아틀란티스),

따라서 로스차일드가는 바빌론의 니므롯의 후예라고도 하면서 스키타이 왕의 아들들의 화살 이야기[87] 등이 전해지는 이유가 이들의 가문이 위의 혼혈과정을 거쳤기 때문이라고 본다.

　한편 스탈린은 그루지아 출신이지만 유물론에 입각한 공산주의 확립을 위해 하자르 왕조 유물이 발굴되었을 당시, 유물발굴을 모두 덮어버리고 러시아 역사에서 하자르 왕국을 지워버렸다. 이 하자르 왕국이 있던 그 자리는 오늘날 그루지아, 아르메니아, 아제르바이젠이 있다.
　하자르 왕국이 멸망하고 이들은 몽골의 확장을 피해 조공국이었던 동유럽의 헝가리와 불가리아 등지로 들어갔고, 중세 이후 오스트리아의 유대인 관용정책으로 대거 독일 쪽으로 이동하여 이들을 아슈케나지라고 부르게 되었다.

87　한 개의 화살은 꺾을 수 있지만, 여러 개의 화살은 꺾을 수 없다는 내용의 이야기로, 로스차일드가는 5형제를 상징하는 5개의 화살 묶음을 상징으로 사용하였다.

05 유대인과 한민족은 한 뿌리에서 나왔다

세계를 지배하고 세계의 의식을 잡은 이들은 바로 금권을 잡은 유대인이다. 돈으로 나라를 살릴 수도 있고, 나라를 파국으로 몰아넣을 수도 있는 힘을 가진 이들이 바로 유대인이다. 유일하게 돈을 찍어낼 수 있는 권한을 가지고 있는 이들이기도 하다.

금권을 잡은 유대인의 기원으로 들어가면 아슈케나지 유대인이 나오고, 아슈케나지 유대인의 기원으로 들어가면 하자르가 나오며, 하자르의 기원으로 들어가면 훈/흉족이 나온다. 흉족의 기원으로 들어가면 스키타이가 나온다. 훈/흉과 스키타이 관련 글들은 2권에서 다룰 예정이다.

그 옛날 하자르는 이웃나라를 침공하지 않는 조건으로 조공을 받았고, 지금의 유대인들은 돈을 빌려주는 대가로 이자를 받는다. 하자르는 금은세공으로 유명했고, 지금의 유대인은 돈을 찍을 수 있는 권한과 금 가격을 좌지우지할 수 있는 힘을 가지고 있다.

하자르가 멸망(10세기 중반)하고 난 뒤, 하자르인들은 유럽으로 대거 들어오게 되었다. 훗날 독일로 들어간 하자르인들은 아슈케나지 유대인이라 불리게 되었다. 유럽으로 들어온 그들은 유목민 기질이 있기 때문에 한곳에 정착하지는 않았다.

이들의 세력이 점점 커지자 유럽왕조들의 견제를 받기 시작했다. 이후 1, 2차 세계대전을 거치면서 히틀러에 의한 유대인 말살정책이 시작되었고, 유럽에서 몰린 유대인들은 미국과 소련 그리고 새로 건립된 이스라엘로 이동하게 된다.

유대인들은 정착민족이 아니다. 자의였든 타의였든 그들은 계속 이동할 수밖에 없는 환경에 놓였다. 이러한 환경적 요인은 그들을 더욱 단련시켜 나갔다. 환경적 요인 때문에 이들은 어떻게든 살아남는 방법을 연구해야 했고, 머리를 쓸 수밖에 없는 인종적 특성을 가지게 되었다.

오랜 시간 유럽에서 핍박을 받으면서 때를 기다려온 그들은 왕조가 무너지고 평등세상으로의 전환이 이루어지던 혼란의 시기에 금권으로 세계 물질문명의 판을 깔았다. 전쟁을 통해 돈을 벌면서 돈으로 왕국을 세웠다고 해도 과언일 만큼 이들은 돈으로 물질기반을 만들었다. 이들의 역할은 물질 판을 세우는 것이다.

유대인이 끊임없이 이동하는 민족이었다면, 우리 한민족은 숨겨져 은둔하는 민족이었다. 유대인은 문명전달자였고, 한민족은 정신보존자였다. 그래서 유대인은 계속 이동을 하였고, 한민족은 동쪽 맨 끝에 터를 잡고 외부와 철저히 차단된 채 오랜 시간 씨줄 잇기에 여념이 없었다.

유대인들은 돈을 지켰다면, 우리 민족은 씨줄을 지켰다. 유대인은 어떻게든 살아남아 문명을 전파해야 했고, 한민족은 어떻게든 살아남아 DNA 씨를 남겨야 했다. 유대인은 '물질의 정수'를 가지고 있고 한민족은 '정신의 정수'를 가지고 있다. 우리 한민족은 오랜 시간 외부와 철저히 차단된 채 순수 혈통으로 보존해왔고, 유대인은 오랜 시간 여러 인종과 섞여왔다. 한민족이 부계혈통이라면, 유대인은 모계혈통이다.

1, 2차 세계대전을 거치면서 인류는 문명의 전환을 맞이했다. 수직적 계보에서 수평적 계보로의 전환이다. 유대인의 역할은 세계단일화를 위한 물질 판을 세팅하는 역할이다. 반면에 우리 한민족은 빠르게 물질문명을 흡수하고 받아들이면서 성장하기에 바빴다.

우리 민족의 역량은 통일 이후에 발현될 것으로 보인다. 통일이라는 이벤트는 세계단일화를 위한 기초일 뿐만이 아니라 새로운 판을 위한 모델링 국가가 될 수 있는 기회가 열린다. 세계는 지금 성장을 모두 마쳤고 대전환의 때를 기다리고 있으며, 움직임이 점점 멈추어가고 있다.

전 세계적으로 하나의 돌파구가 필요한 시점이다. 통일이라는 이벤트는 세계전환의 돌파구가 될 것으로 보인다. 물론 통일이 될 때까지 우리 민족은 성숙한 인격과 도를 이뤄나가야 한다는 전제가 깔린다. 세계의 모범이 되려면 모범적 행동을 갖추어나가야 하는데, 우리는 아직도 갈 길이 멀다. 이념이 충돌하는 이 한반도의 기 센 민족을 이끌어나갈 리더가 절실히 필요함을 느낀다. 리더는 성숙한 국민의식이 만들어내는 것이다. 제아무리 똑똑하고 능력이 있다고 해도 국민의식이 받쳐주지 않으면 영웅은 절대 탄생하지 못한다.

새로운 시대를 이끌어갈 리더를 기대하며 1권을 마친다.

/ 참고문헌 /

《길가메시 서사시》 N.K. 샌더스, 이현주 번역, 범우사1999
《부도지》 박제상 저, 윤치원 편저, 대원출판사2002
《블랙아테나》 마틴 버낼 저, 오흥식 역, 소나무2006
《산해경》 예태일, 전발평 저, 김영지, 서경호 역, 안티쿠스2008
《샤먼제국》 박용숙 저, 소동2010
《수메르 혹은 신들의 고향》 제카리아 시친 저, 이근영 역, 이른아침2006
《수메르 신화》 조철수 저, 서해문집2003
《수메르, 최초의 사랑을 외치다》 김산해 저, 휴머니스트2007
《신화는 수메르에서 시작되었다》 김산해 저, 가람기획2003
《성배와 잃어버린 장미》 마가렛 스타버드 저, 임경아 역, 루비박스2004
《이집트 사자의 서》 서규석 저, 문학동네1999
《역사》 헤로도토스 저, 천병희 역, 숲2009
《텔리즈먼 이단의 역사》 그레이엄 핸콕, 로버트 보발 저, 오성환 역, 까치2006
《한단고기 (삼성기, 단군세기, 북부여기, 태백일사)》 계연수 저, 임승국 편저, 정신세계사1986
《The Thirteenth Tribe》 by Arthur Koestler
《History begins at sumer》 by samuel noah Kramer
《The Jews of Khazaria》 by Kevin Alan Brook
http://www.khazaria.com/

1권 〈끝〉

2권에서 계속

치우천왕의 부활 1

초판 1쇄   2015년 08월 15일

지은이   태라 전난영
발행인   김재홍
디자인   박상아, 이슬기
마케팅   이연실

발행처   도서출판 지식공감
등록번호   제396-2012-000018호
주소   경기도 고양시 일산동구 건달산로225번길 112
전화   02-3141-2700
팩스   02-322-3089
홈페이지   www.bookdaum.com

가격   18,000원
ISBN   979-11-5622-104-3 04210
SET ISBN   979-11-5622-103-6 04210

CIP제어번호   CIP2015020028
이 도서의 국립중앙도서관 출판시 도서목록(CIP)은 e-CIP 홈페이지(http://www.nl.go.kr/ecip)에서 이용 하실 수 있습니다.